U0148368

# 漢武帝尊儒考

漢武帝罷黜百家，獨尊儒術，其影响於我國學術思想以及政治社會者極鉅。實為國史極重大之事。然此事之源委情實如何，史家鮮有明確之叙述。此篇之目的，乃欲將此事始末之經過，為之説明。至於其影响功過，不敢妄論也。

(一)漢武尊儒之原因　前此學者对於漢武尊儒之原因，皆僅有籠統之言，鮮有詳细之分析。其論漢武尊儒之動機，或謂為統一思想，或謂為尊儒可便於專制之统治，或謂粉飾太平。此種見解，實非持平之論。吾人以為歷史上大事之發生及其得能成功，必由於趨勢之必然，與乎社會之需要，決非由於一二人之私意，甚至一二人之一念。個人

1

之力推衍，乃時固足以乃助於成功，然亦毋必其事本身即可以成功，既得有力者之提倡或政治力量之推衍，不過僅為一種助力，促進其成功而已。反之，如其事違背歷史演進之趨勢或社會需要，則縱有有力者之提倡或政治力量之推衍，亦必不能成功。如王莽之行王田制，既用政治之力推衍，復為當時儒者之所稱道。然卒遭失敗者，乃因其違反歷史演進之法則及不合於社會需要也。執此以觀，學者謂漢武尊儒為「統一思想」，便於專制之統治」或「粉飾太平」之一念，可見其非篤論矣。再就漢武尊儒之事實觀之。武帝即位時，年十六。即位時，即詔丞相御史中二千石二千石諸侯相舉賢良方正直言極諫之士，而罷百家。時武帝年僅十六七，尚屬童稚，恐尚不知所謂「統一思想」「便於專制」「粉飾太平」也。

吾人以為漢武之尊儒，乃由於兩〔三〕種原因：一，儒學浸漸發達之結果。二，當時國勢發展的必然結果。三，社會的需要。

秦始皇焚禁詩書，於儒學誠為一大打擊，然儒學未嘗因此而滅。秦焚詩書，儒學未滅。今文學家之論也。以史記之，實屬不謬。史記秦始皇本紀李斯焚書議云：「史官非秦者皆燒之。非博士官所職，有敢偶語詩書，棄市。」今文學者按此語，始皇所焚者，僅民間之書，博士官所職固猶無恙。實則，民間之書亦未盡焚。史記六國表序云：「秦既得意，燒天下詩書，諸侯史記尤甚，為其有所刺譏也。詩書所以復見者，多藏人家。而史記獨藏周室，以故滅。」是非特民間之書未盡焚，詩書且賴在民家而不滅。博士官所職者，亦不必遭毀。是秦雖焚書而典籍猶傳也。而秦焚書西史劉之述付云，張蒼之傳左氏，賈誼之製為訓源本，今鐸椒、捞歸孫效。

生為如猶衆。秦始皇本紀，始皇坑殺咸陽諸儒生時，太子扶蘇諫曰，天下

定，遠方未集。諸生皆誦法孔子。今上皆重法繩之，臣恐天下不安，唯上察之。

始皇殺儒生四百餘人，足以令天下不安，則必其時天下儒生甚衆，儒學

猶至有勢力，為人所尊重。又史記叔孫通列傳云，陳涉起山東，二世召博

士諸儒生問曰，楚戍卒攻蘄入陳，於公如何？博士諸生三十餘人前曰……

是秦於焚書坑儒之後，秦廷仍召不少儒生。史記儒林傳云，陳涉之王

也，而魯諸儒持孔氏之禮器往歸陳王。史記酈食其列傳云，沛公不好

儒，諸客冠儒冠來者，沛公輒解其冠溲溺其中。與人語，常大罵。是

又可証當時各地儒者猶衆。其他可指者，如浮丘伯為秦前之碩儒，伏生

以儒而為秦博士。陳餘，酈食其，陸賈，隨何，皆為儒生。儒生人數既衆，

4

則儒家經典，為諸儒所誦讀之詩書六藝，不曾滅絕。史記叔孫通列傳云：「叔孫通降漢，從儒生弟子百餘人。然通無所言進，專言諸故群盜壯士進之。弟子皆竊罵曰：事先生數歲，幸得從降漢，今不能進臣等，專言大猾何也。」通及弟子百餘人，是秦時儒學猶能傳授也。秦時，詩書雖盡焚毀，儒者人數猶衆，儒者之冠服，孔子之禮器猶復保存，儒學且能傳授，則儒學之未滅可以瞭然矣。

自秦法不行，儒學即漸復活，迨至文景之世，儒學即漸興盛。漢書儒林傳云：「漢興，伏生求其書，亡數十篇，獨得二十九篇，即以教於齊魯之間，齊學者由此頗能言尚書。山東大師亡不涉尚書以教。」又云：「申公歸魯，退居家教，終身不出門，復謝賓客，弟子自遠方至受業者千餘人。」又云：「蘭生齊人也，以治詩，孝景時為博士。……諸齊以詩顯貴，皆固之弟子也。」又云：「胡毋生治公羊春秋，為景帝博士。……年老，歸教於齊，齊之言春秋者，宗事之。」又董仲舒傳云：「少治春秋，孝景時為博士，下帷講誦，弟子傳以久次相授業，或莫見其面。蓋三年不窺園，其精如此。進退容止，非禮不行。學士皆師尊之。」由此可知見當時私家講學已盛。漢書鄒陽傳云：「鄒魯守經學，齊楚多辯知，韓魏時有奇節，吾將歷問之。」當時鄒魯之地，實已恢復其儒學中心之地位。其時不僅私家講學復盛，諸侯亦復提倡，或尊養儒生，或搜集典籍，或招文學之士。漢書楚元王傳云：「楚元王交好書，多材藝，少時嘗與魯穆生、白生、申公俱受詩於浮丘伯。伯者，孫卿門人也。及秦焚書，各別去。……漢六年，既廢楚王信，分其地為二國，立賈為荆王，交為楚王。……元王既至楚，以穆生白生申公為中大夫。」

又河間献王傳云：

「河間献王德，以孝景前二年立。脩學好古，實事求是。從民得善書，必為好寫與之，留其真。加金帛賜以招之。由（繇）是四方道術之人不遠千里，或有先祖舊書，多奉以奏献王者。故得書多，與漢朝等。是時淮南王安亦好書，所招致率多浮辯。献王所得書皆古文先秦舊籍，周官、尚書、禮、禮記、孟子、老子之屬，皆經傳說記，七十子之徒所論。其學舉六藝，立毛詩、左氏春秋博士。脩禮樂，被服儒術，造次必於儒者。山東諸儒多從而遊。武帝時，献王來朝，献雅樂，对三雍宮。及詔策所問三十餘事。其对推道術而言，得事之中，文~~称~~約指明。」

7.

此皆諸侯之提倡儒學者也。其他如吳王濞，梁孝王，淮南王安皆招致游士，此輩游士固非皆為儒者，然其中通經術者，亦必不乏人。諸侯之招致游士，其有助於儒學之發達，可以想見。文景以後，儒學既已興盛，則武帝之尊儒術，實趨勢之所必然。

儒學既盛，儒家禮樂教化之說因之興起。禮樂教化之說，漢初以來，即有人倡導。如高祖時陸賈稱述詩書，興文教。

漢書陸賈傳「賈時時前說稱詩書。高帝罵之曰，乃公居馬上得之，安事詩書？賈曰，馬上得之，寧可以馬上治乎？且湯武逆取而以順守之，文武並用，長久之術也。」

文帝時，賈誼倡改制度，興禮樂，移風易俗。

8.

漢書賈誼傳「誼以為漢興二十餘年、天下和洽、宜當改正朔、易服色、制度、定官名、興禮樂。」

又禮樂志「至文帝時、以為漢承秦之敗俗、廢禮樂、捐廉恥、今其甚者殺父兄、盜者取廟器。而大臣特以簿書不報、期會為故、至於俗流溢、恬而不怪、以為是適然耳。夫移風易俗、使天下回心向道、類非俗吏之所能為也。夫立君臣、等上下、使綱紀有序、六親和睦、此非天之所為、人之所設也。不為不立、不修則壞。漢興至今二十餘年、宜定制度、興禮樂、然後諸侯軌道、百姓素樸、獄訟衰息。草具其儀、天子說焉、而大臣絳灌之屬害之、故其議遂寢。」

賈山倡立太學

漢書賈山傳："臣不勝大願，願少衰射獵，以夏歲二月定明堂，造太學，修先王之道，風行俗成，萬世之基定，然後唯陛下所幸耳。"

賈誼等之主張當時未之施行，固由於文景好刑名之言及大臣絳灌之屬反對，而當時政治情狀未至於能興禮樂之境地，亦屬主要之原因。蓋自漢初以至文景之世，最重要之問題為如何穩定漢之政權。漢自高祖以至文景時代，其政治實未十分穩定。高祖時有異姓諸侯王問題，呂后有呂氏之亂，文景時，同姓諸侯王問題又復發生。凡此種種，皆足以威脅漢之政權。而自秦末亡之亂以後，國家殘破，社會未安，偶一擾動，即易釀成大亂之虞。故漢初君臣皆集中精力以解決此種問題。如高祖之滅彭、韓，蕭曹之清靜無為，以及賈誼、晁錯之主分削諸侯，無不对此而發。因其時國家

10

之注意力集中於安定社會，鞏固政權，故未遑顧及禮樂教化。而在此時期禮樂教化之功亦不若刑名治國之功效顯著，文景以前，儒學之不為朝廷所尊，實亦其必然之故。然禮樂教化究為立國所必不可少，所謂禮樂教化者，簡言之即是教育。吾人固不能言立國而不需教育也。漢初之風俗，據前引漢書禮樂志賈誼之言觀之，實未淳樸。漢書賈誼傳言之更詳，茲再抄錄於下。

漢書賈誼傳云：「商君遺禮義，棄仁恩，并心於進取。行之二歲，秦俗日敗。故秦人家富子壯則出分，家貧子壯則出贅。借父耰鉏，慮有德色。母取箕帚，立而誶語。抱哺其子，與公併倨。婦姑不相說，則反脣而相稽。其慈子耆利，不同禽獸者，亡幾耳。然并心而赴時，猶曰蹷六國，兼天下。功成求得矣，終不知反廉愧之節，仁義之厚。信并兼之法，遂進取之業，天下大敗，衆掩寡，智欺愚，勇威怯，壯陵衰，其亂至矣。是以大賢起之，威震海内，德從天下，曩之為秦者，今轉而為漢矣。然其遺風餘俗，猶尚未改。今世以侈靡相競，而上亡制度，棄禮誼，捐廉恥，日甚，可謂月異而歲不同矣。逐利不耳，慮非顧行也。今其甚者殺父兄矣，盜者剟寢户之簾，搴兩廟之器。白晝大都之中，剽吏而奪之金。矯偽者出幾十萬石粟，賦六百餘萬錢，乘傳而行郡國，其亡行義之尤至者也。而大臣特以簿書不報，期會之間，以為大故。至於俗流失，世壞敗，因恬而不知怪，慮不動於耳目，以為是適然耳。夫移風易俗，使天下回心而鄉道，類非俗吏之所能為也。俗吏之所務，在於刀筆筐篋，而不知大體。陛下又不自憂，

12

竊為陛下惜之。夫立君臣，等上下，使父子有禮，六親有紀，此非天之所為，人之所設也。不為不立，不植則僵，不修則壞。筦子曰，禮義廉耻，是謂四維，四維不張，國乃滅亡。使筦子愚人也，則可。筦子而少知治體，則是豈可不為寒心哉。秦滅四維而不張，故君臣乖亂，六親殃戮，姦人並起，萬民離叛，凡十三歲而社稷為虛。今四維猶未備也，故姦人幾幸，而衆心疑惑。豈如今定經制，令君君臣臣，上下有差，父子六親，各得其宜，姦人亡所幾幸，而羣臣衆信，上不疑惑。此業壹定，世世常安，而後有所持循矣。若夫經制不定，是猶度江河亡維楫，中流而遇風波，船必覆矣，可為長太息者此也。

漢初民俗，大體猶有戰國之餘風，如游俠養士，漢初猶甚盛行。漢朝實行清靜無為之政，與民休息。文景之世，人民安樂，風俗雖漸改變，舊俗猶未除

13

革。武帝時，漢之政權既已鞏固，社會又已安定，甚以興創教育以改革社會乃爲切需。

二、罷黜百家，獨尊儒術之經過 (1)竇嬰田蚡趙綰王臧之倡儒學所謂罷黜百家，獨尊儒術者，一方面在政治罷治百家言者而不用，而多引用儒學之士；一方面在教育上獨以六藝爲學教。此事之始倡者爲竇嬰田蚡。武帝建元元年，十月詔丞相御史列侯二千石諸侯相舉賢良方正直言極諫之士。丞相衛奏所舉賢良，或治申商韓蘇秦張儀之言，亂國政，請皆罷。此爲尊儒罷百家之始。

按武帝即位，年十六。建元元年，十七歲。武帝雖受學於王臧，然此時年幼，似尚不能知黜治申商蘇張之言者。奏罷治申商蘇張之言者爲丞相衛綰。綰

14

雖為敦厚長者，然實為不學無術之武夫，其見識仍不能及此。漢書綰傳謂綰「自初官以至相，終無可言。」更可知罷治百家言者非綰矣。吾人以為此必出於王臧、田蚡等。史記儒林列傳云：「及今上即位，趙綰、王臧之屬明儒學，而上亦鄉之，於是招方正賢良文學之士。」按此武帝建元元年之詔舉賢良方正，實由於王臧等之主張。又漢書儒林傳云：「蘭陵王臧既受詩，以事孝景帝，為太子少傅，免去。今上初即位，臧乃上書宿衛，上累遷，一歲中為郎中令。及代趙綰，亦嘗受詩申公，綰為御史大夫。」按公卿百官表王臧之為郎中令在建元元年六月，其初上達書宿衛，在為郎中令前一歲，則在孝景後三年。正武帝即位之初。武帝即位之初，詔舉賢良方正出於王臧之主張，由此益可證明。又漢書田蚡傳云：「孝景帝崩，武帝即

15

即位，蚡以舅封為武安侯，勝為周陽侯。蚡新用事，卑下賓客，進名家居者貴之。「上所填撫，多蚡賓客計策」。由此可知武帝即位之初，蚡尚未為太尉以前，蚡即貴寵用事。蚡即好儒，而時「上所填撫，多蚡賓客計策」，則罷治商韓蘇張之言者，其計出於蚡，寧不實亦可能。說者或謂武帝罷百家尊儒術，得於董仲舒公孫弘，楊樹達謂罷治申商蘇張之言者，畢竟出於衛綰，而謂其功在蕭曹之上，蓋未考究史漢之記事也。

建元元年六月，竇嬰為丞相，田蚡為太尉，二人俱好儒，乃推轂趙綰為御史大夫，王臧為郎中令。議立明堂，迎魯申公，欲隆儒術。然此時，竇太后好黃老言。嬰蚡推隆儒術，貶抑道家，是以太后不說。明年，趙綰等請毋奏事東

16

寵，竇太后大怒，下趙綰王臧獄，免丞相嬰，太尉蚡。綰臧皆自殺。嬰蚡之推崇儒術，僅數月而敗。

(2)五經博士之設置 博士，春秋時即有之。如公休儀為魯博士。此種博士之職掌，校漢書百官公卿表云，掌通古今。實則博士官一方面掌通古今，備顧問，一方面亦掌教授。漢書賈山傳云，「(山)祖父祛，故魏王時博士弟子也。」魏時博士々弟子，可知博士初實掌教授。秦焚詩書，博士似不復教授。然叔孫通為秦博士而有弟子百餘人，則秦博士實仍能教授弟子。秦焚詩書，博士官所職者不燬，而博士又能傳授，則秦所焚者，人民之藏書，所禁者私家之講學耳。漢書武帝以前，博士亦即教授。劉歆遺太常博士書云，「至孝惠之世，乃除挾書之律，然公卿大臣絳灌之屬，咸介冑武夫，莫以為意。至孝文皇帝，始使掌故朝錯從伏生受尚書。尚書初出屋壁，朽折散絕，今其書見在，時師傳讀而已。詩始萌芽。天下衆書，往往頗出，皆諸子傳說，猶廣立於學官，爲置博士。」

文帝時，諸子傳說，立於學官，爲置博士，則文帝時，博士教授也。文翁傳云：

「景帝末，爲蜀郡守。仁愛好教化。見蜀地辟陋，有蠻夷風，文翁欲誘進之，乃選郡縣小吏開敏有材者張叔等十餘人，親自飭厲，遣詣京師，受業博士，或學律令。減省少府用度，買刀布蜀物，齎計吏以遺博士。」

文翁遣蜀郡縣小吏詣京師，受業博士，則博士教授學問，益可明瞭。

惟文景以前博士者，非必儒生，所授者非必儒學耳。

秦有占夢博士，漢書藝文志名家有黃公四篇，注云名疵，為秦博士。劉歆遺太常博士書云文帝時，諸子傳說皆立於學官，為置博士。漢書儒林傳云景帝時有博士黃生與轅固生爭論於上前，謂湯武為篡殺而非革命，黃生亦非儒。由此可知秦及漢初，博士非必儒者方能充任，博士所授，亦非必儒學。

武帝建元五年初置五經博士。武帝以前，博士既能以教授，而博士之中，又不乏儒術之士，則儒生之為博士者，即當然以儒學為教，武帝何故又特設五經博士？此種五經博士設置之意，初究竟如何，學者鮮有言者。吾人以為可能之解釋為前此之博士既非盡屬儒生，而儒生之為博士者，又未必五經具備。武帝之置五經博士，即令五經具有博士，易言之，即令儒家竇太后武帝建元六年崩，見史記外戚世家及漢書武帝紀。漢書外戚傳謂元光元年，實誤。

五經皆有博士為之傳授。武帝五經博士之設置，究屬何人之主張，似[illegible]推崇[illegible]。自建元二年竇太后下趙綰王臧於獄，免丞相竇嬰及太尉田蚡以後，推崇儒術之事，已受一大打擊。建元五年，竇太后猶尚存在，彼必仍反对儒學，何以此時尚能設置五經博士？欲知此事之真象，似須推究竇太后下趙綰王臧及免竇嬰田蚡之原因。吾人以為竇太后固好黃老，不喜儒術，然其對於提倡儒初並非堅決反對，最初田蚡等倡立明堂，迎申公，推崇（語帶）賢良，推崇儒學，而竇太后不加阻止，可以知之。竇太后所以廢黜趙綰王臧，免竇嬰田蚡，乃因彼等言主毋奏事東宮之故。由此可知（另言之）竇太后廢（之不問）趙綰王臧田蚡等，[illegible]衝突實非由於學術的原因，而為政治之爭執。竇太后既非絕对反对儒術，則建元五年之置五經博士，彼不阻止，可以知其故矣。

20

至於五經博士之設置，由於何人之主張，吾人以為除武帝本人外，似尚有田蚡之意見於其間。按史記武安侯列傳云，

「武安侯雖不任職，以王太后故，親幸。數言事，多效。天下吏士趨勢利者，皆去魏其歸武安。武安日益橫。」

由此可知，田蚡雖已免太尉，而其勢仍盛，且為武帝所親信。彼既言事多效，則其於國家事，必多參加意見。五經博士之設置，其由田蚡之主張，似屬可能。

(3)百家之罷黜　自竇嬰田蚡趙綰王臧輩之推隆儒術以後，儒學誠日興盛，然百家之言，尚未罷黜。百家之罷，發之於董仲舒。仲舒對策請諸「不在六藝之科，孔子之術者，皆絕其道，勿使並進。」於是罷百家之言。董仲舒

对策，漢書武帝紀繫於元光元年。通鑑繫於建元元年，而謂衛綰奏罷賢良之治申商韓非蘇張之言者爲罷百家。後之學者多從之。董仲舒对策之言，对於武帝時之尊儒術罷百家，實屬相當重要，其对策之年，必須考明，然後此事之真象始可得見。漢書武帝紀補注云，「沈欽韓曰，通鑑考異云，董仲舒，仲舒对策，推明孔氏，抑黜百家，立學校之官，州縣舉茂才孝廉，皆自仲舒發之。今舉孝廉，在元光元年十一月，若对策在下五月，不得云自仲舒發之。蓋紀誤也。然，仲舒对策，不知果在何時，惟建元元年見於紀，故著之。洪邁容齋隨筆云，案策中云，朕親耕籍田，勸孝悌，崇有德，使者冠蓋相望。对策曰，陰陽錯繆，氛氣充塞，羣生寡遂，黎民未濟，必非即位之始年也。愚案本傳，仲舒於孝

22

景時為博士，武帝即位，舉賢良文學，則仲舒对策，實在建元元年無可疑者。又建元六年，遼東高廟災，高園便殿火，五行志仲舒对曰云云。本傳在廢為中大夫時，在家推説其意，不得及在元光元年也。又案公孫弘傳，武帝初即位，弘年六十，以賢良徵。嚴助傳，武帝善助对，擢為中大夫，則三人皆同歲舉也。弘後為博士，復徵賢良，俱非元光元年事。

此謂董仲舒对策在建元元年之論據也。吾人以為董仲舒对策實在元光元年，漢書武帝紀實不誤。沈欽韓謂仲舒景帝時為博士，武帝即位，舉賢良文學，則仲舒对策必在建元元年。其説僅想當然而已，實無根據。武帝舉賢良既非一次，則自不能謂仲舒对策必在建元元年也。又彼云建

齊召南云：按仲舒对策之年，先儒疑而未定。漢書武紀載于元光元年，而公孫弘並列，既失之太後。通鑑據武紀文云武帝即位為江都相之文，載于建元元年，以嚴助並列，而失之太前。若以仲舒本傳攷之，則在建元之年也。計陳元年至建元三年，年才七十歲。

而五年始置博士，即傳所謂推明孔氏，抑黜百家，立學校之官也。元光元年，令郡國舉孝廉各一人，即傳所謂州郡舉茂才孝廉也。若在建元元年，宜曰云七十餘歲矣」（漢書董仲舒傳考證）

元六年遼東高廟災，高園便殿火，五行志仲舒对策云云。本傳在廢為中大夫時，在家推說其意，不得反在元光元年也。」此更將年代顛倒。按漢書董仲舒傳云：「中廢為中大夫。先是遼東高廟、長陵高園殿災，仲舒居家推說其意。」既曰先是遼東高廟、長陵高園殿災，則是二者災在其廢為中大夫以前，文意甚為明白。遼东高廟、高陵便殿火在建元六年，仲舒廢為中大夫乃在此後。今沈氏反謂在建元光元年以前，甚不知何其解。按仲舒对策云：「今陛下并有天下，海內莫不率服，廣覽兼聽，極羣下之知，盡天下之美。至德昭然，施於方外。夜郎、康居，殊方萬里，說德歸誼。」唐蒙之通夜郎，在建元六年，是仲舒之对策，必在建元六年以後，而不在建元元年也。仲舒对策又云：「今臨政而願治，七十餘歲矣。」漢自高祖元年至建元元年，僅六十七年，固不得云七十餘歲也。至元光元年，則凡七十四年，適七十餘歲矣。故知仲舒对策必在元光元年也。又漢書禮樂志云：「至武帝即位，進用英雋，議立明堂，制禮服，以興太平。會竇太后好黃老言，不說儒術，其事又廢。後，董仲舒对策云云。」是志以仲舒对策不在建元元年，而在其後。紀志實相符合。

沈欽韓又以嚴助、公孫弘與董仲舒同在建元元年对策者，其說亦非確。嚴助之对策，實在建元元年。漢書助傳謂助对策後，為中大夫。建元三年，助即以中大夫救東甌。可知助对策在建元元年，必無疑問。公孫弘之舉，前後凡兩次、第一次亦在建元元年。然不久以使匈奴不合上意免歸。武帝紀元光元年所謂「董仲舒、公孫弘出焉」，以指其第二次被舉而言。史漢公孫弘傳皆載弘二次被時之策文，與漢書武帝紀元光元年所載之策文，幾全相同，可見即屬一事。公孫弘二次被徵，漢書武帝紀記在元光元年，然史漢公孫弘傳皆記在元光五年。漢書武帝紀元光五年，惟有「徵吏民有明當時之務，習先聖之術者，」而無詔舉賢良文學事，故鮮有記公孫弘二次被舉在元光五年者。然弘之对策，實以本傳在元光五年爲當。漢書弘傳云：

「策奏，天子擢弘对爲第一。召見，容貌甚麗。拜爲博士，待詔金馬門。弘復上疏……上異其言。時方通西南夷，巴蜀苦之，詔使弘視焉。還奏事，盛毁西南夷無所用。上不聽。每朝會議，開陳其端，使人主自擇，不肯面折庭争。於是上察其行謹厚，辯論有餘，習文法吏事，緣飾以儒術，上説之，一歲中至左内史。」

按此，公孫弘对策後，即奉使往視通西南夷道，对策後一歲中爲左内史。漢

書司馬相如傳云

「唐蒙已略通夜郎、因通西南夷道、發巴蜀廣漢卒作者數萬人治道。二歲道不成、士卒多物故、費以億萬計、蜀民及漢用事者多言不便。」

又西南夷傳

「當是時巴蜀四郡通西南夷道、轉載相饟。數歲道不通。士罷餓餧、離暑溼、死者甚眾、西南夷又數反、發兵興擊、耗費無功、上患之、使公孫弘往視問焉。」

自唐蒙通夜郎以後通西南夷道、後因道不通、乃使公孫弘往視、是公孫弘奉使視西南夷道、實在唐蒙通夜郎後數年。唐蒙之通夜郎在建元六年。漢始通西南夷道、始於何年、史無明文記載。惟漢書武帝紀載元光五年

27

夏，發巴蜀治南夷道。」然則公卬始於是年也。按司馬相如難蜀父老書云：
「漢興七十有八載，德茂存乎六世，威武紛紜，湛恩汪濊，羣生霑濡，洋溢乎
方外。於是乃命使西征，隨流而攘。風之所被，罔不披靡。因朝冉從駹，定筰
存邛，略斯榆，舉苞蒲，結軌還轅，東鄉將報。至于蜀都，耆老大夫搢紳先
生之徒，二十有七人，儼然造焉。辭畢，進曰：蓋聞天子之於夷狄也，其義羈縻
勿絕而已。今罷三郡之士，通夜郎之塗，三年於茲，而功不竟。」
自高祖元年，下數七十八載，為元光六年。是書之作，當在是年。下文云：「今罷
三郡之士，通夜郎之塗，三年於茲。」自元光六年上溯三年，則元光四年。漢始通
西南夷道，必在是年。若「三年於茲」之三年意為三整年，則漢治西南夷道最
早不得過元光三年。公孫弘之使視西南夷道必在元光三年以後，甚為明白。司

馬相如傳說通西南夷道，二歲道不成，蜀民及漢用事者多言不便。漢使公孫弘往視，當即在是時。元光三年或四年後二年，正元光五年或六年。公孫弘於其对策後即使視西南夷道，可知弘之对策，實在如本傳所云在元光五年也。又弘於对策後一歲為左內史。據百官公卿表，弘為左內史在元光六年，則前一年元光五年為其对策之年，益可明瞭。

董仲舒对策已明在元光元年，仲舒对策請"諸不在六藝之科，孔子之術者，皆絕其道，勿使並進。"是此時百家尚未罷黜。建元元年衛綰之奏罷賢良之治申商韓非蘇秦張儀之言者之非所謂罷黜百家，亦可知矣。吾人以為所謂罷黜百家乃指田蚡為相之罷黜黃老刑名百家之言。儒林傳云：及竇太后崩，武安君田蚡為丞相，黜黃老刑名百家之言，延文學儒者以百數。

由此可知武安侯推崇儒學抑黜百家之力。田蚡之為丞相，自建元六年六月至元光四年三月。董仲舒之对策，適當田蚡為相之時。史称，及仲舒对策，推明孔氏，抑黜百家，立學校之官，州郡舉茂材孝廉，皆自仲舒發之。田蚡本好儒。武得董氏之言，行之尤力也。

(4)博士弟子之設置　自田蚡罷百家，引用儒學之士以後，朝庭崇儒之風，[illegible]漸盛，可以想見。此時武帝好文學儒術，左右侍臣，已不少文章儒學之士。如嚴助，朱買臣，司馬相如，吾丘壽王，主父偃，东方朔等，皆於元光元朔之際，即侍帝左右。朝庭及帝左右，文學儒士既漸增加，其於儒學之提倡益甚，又可推知。元朔五年，置博士弟子員五十人。

按武帝紀置博士弟子員在元朔五年。然史記儒林列傳公孫弘奏請置博士

30

通鑑考異曰：「史記將相名臣表、漢書百官公卿表，弘為相皆在元朔五年。建元以來侯者表、恩澤侯表皆云元朔三年封侯，按三年弘猶為御史大夫，蓋誤書五為三，因置于三年耳」。

弟子云云，謹與太常臧、博士平等議曰」云云，臧為孔臧。按百官公卿表，孔臧於元朔二年為太常，三年免。似臧免太常在元朔四年。若臧於元朔四年已免，則博士弟子員之置，似不能在五年。唯遷史所謂三年者，或亦謂三年。又史記高祖功臣侯年表及漢書高惠高后文功臣表皆謂臧於元朔三年免官。若此，則博士弟子之置，似又在元朔三年以前。儒林云云，「公孫弘為學官，悼道之鬱滯，迺請曰：丞相御史言」云云，亦似其時弘尚未為丞相者。按此，博士弟子之置，亦非在元朔五年弘為丞相以後。

史記儒林列傳云：

「公孫弘為學官，悼道之鬱滯，乃請曰：丞相御史言，制曰：蓋聞導民以禮，風之以樂。婚姻者，居室之大倫也。今禮廢樂崩，朕甚愍焉。故詳延天下方正博聞之士，咸登諸朝。其令禮官勸學，講議洽聞興禮，以為天下先。太常議，與博士弟子，崇鄉里之化，以廣賢才焉。謹與太常臧、博士平等議曰：聞三代之道，鄉里有教，夏曰校，殷曰序，周曰庠。其勸善也，顯之朝廷，其懲惡也，加之刑罰。故教化之行也，建首善自京師始，由內及外。今陛下昭至德，開大明，配天地，本人倫，勸學修禮，崇化厲賢，以風四方，太平之原也。古者政教未洽，不備其禮，請因舊官而興焉。為博士官置弟子五十人，復其身。太常擇民年十八已上，儀狀端正者，補博士弟子。郡國縣道邑，有好文學，敬長上，肅政教，順鄉里，出入不悖所聞者，令相長丞上屬所二千石。二千石謹察可者，當與計偕，詣太常，得受業如弟子。一歲皆輒試，能通一藝以上，補文學掌故缺。其高弟可以為郎中者，太常以籍奏。

即以秀才異等，輒以名聞，其不事學若下材及不能通一藝，輒罷之。而請諸不稱者罰。臣謹案詔書律令下者，明天人分際，通古今之義，文章爾雅，訓辭深厚，恩施甚美，小吏淺聞，不能究宣，無以明布諭。治禮次治掌故，以文學禮義為官，遷留滯。請選擇其秩比二百石以上及吏百石，通一藝以上，補左右內史卒史。大行卒史。比百石已下補郡太守卒史，皆各二人。邊郡一人。先用誦多者，若不足，則擇掌故補中二千石屬，文學掌故補郡屬，備員，請著功令。佗如律令。制曰：可。自此以來，則公卿大夫士吏，斌斌多文學之士矣。」

博士弟子既置，復誘以利祿，士皆競於儒術矣。漢班固贊曰：

「自武帝立五經博士，開弟子員，設科射策，勸以官祿，訖於元始，百有餘年，傳業者寖盛，支葉蕃滋，一經说至百餘萬言，大师衆至千餘，蓋利祿之路然也。」

武帝之後，儒學之盛，由此可見矣。

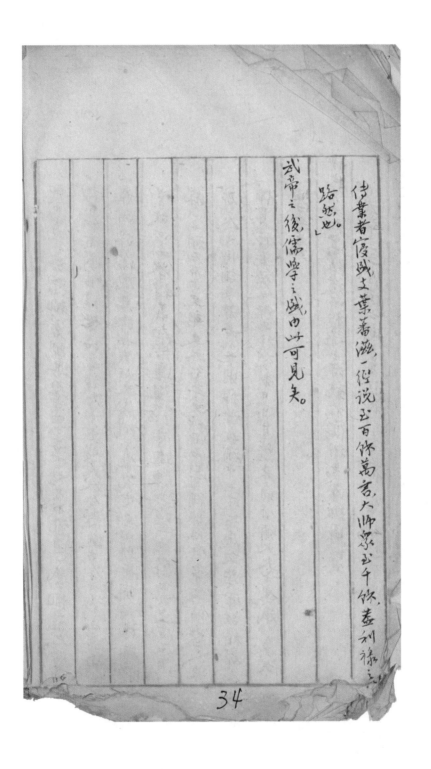

No. 1

# 魏晋清談思想略論

陈沅

## 引言

清談思想是我國從二世紀中葉以後至六世紀中葉思想的主流。它支配思想界達四百餘年之久。它不僅支配了思想，而且還影响了社會生活和政治。它对魏晋南北朝這一時代的問題也極重要的。這種思想的本質內容和流變如何，過去的學者已有過不少的討論。不過，有的也不能說，沒有不妥貼不周密的地方。我這篇短文的目的想補綴以前學者所不足。

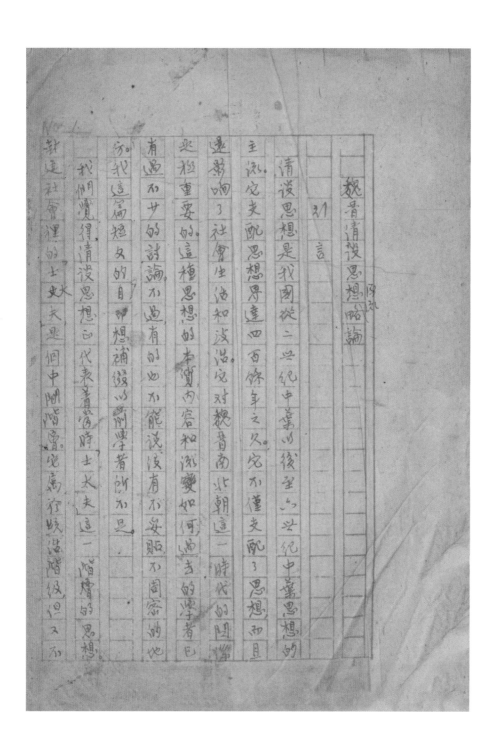

我們覺得，清談思想正代表着當時士大夫這一階層的思想。封建社會裡的士大夫是個中間階層。它為統治階級，但又不

是统治集團的核心人物，而它不是專制帝王家族裡的人。它在政治上的權力有時還趕不上與统治的帝王家族略有關係的外戚和宦官。因為這樣，士大夫階級的思想往々表現着兩面性；一方面，他們要求统治集团对他們放松，对他們放任。一方面他們又要求被统治的人民服從统治階級。清談思想最初是空想的唯理主義，後来轉變為絶對的個人自由主義，同時，它又不放棄统治階級的名教——過去的學者以為魏晉時代的清談思想反对名教，認識實是錯誤的。——這，很明顯地，反映了中間階層士大夫的兩面性。這就是說，他們向上面的统治集團要求順乎理，要求個人自由，而对下面被统治的人民則要求服從禮教。清

20X25

No. 2.

談思想本身既有這樣的矛盾，所以注定了它沒有出路。最後的結果，它只助長了當時統治集團和豪家世族的腐化着縱的生活和政治的腐敗無能而已。「清談誤國」這一清談思想的基礎論定，實莫有怎樣冤枉它的。

清談思想的興起，發展和變化，是和當時的社會政治緊切地相關着的。——任何一種思想運動無不與當時的政治社會有關，清談思想當然也是一樣——它隨着政治社會的發展而發展，同時，它又反轉來影响着政治。大概的說，當後漢安帝劉祜的時候，這種新思想運動就開始發動了。這就因為此時政治上外戚宦官專权，政治逐漸腐敗，統治階級对人民剝削日漸深刻的緣故。後來，政治腐敗的程度日益加深，這種新思想便也日益發達。到了桓帝劉志以後，便成為波瀾壯闊的新思想運動。這種新思想運動同時也就是一種政治運動，即反宦官外戚運動。這一運動也在桓帝劉志和靈帝劉宏的時候達到最高潮。雖然，把持政權的宦官們用殘酷的手段殺戮了許多領導這一運動的名士——即史所謂黨錮之禍——但最後，腐敗的漢政權和宦官勢力，卻不能說不是被這種思想摧毀了。

後漢以來新思想發展的結果，最後出現了何晏王弼的正始之音。何晏夏侯玄等名士，既有了這樣新的思想系統，他們也就想以此為根據改造政治，倡導改革。但這一改革運動卻遭遇了以

20X25

No. 3

司馬懿為首的官僚們的強烈的反對和攻擊。不僅改革運動失敗了，名士們且慘遭司馬懿的屠殺。曹魏的政权也從此被司馬氏奪去。

司馬懿父子竊取政权，是"欺人孤兒寡婦"，手段卑劣而殘酷，对於反对他的名士，大肆殺戮。司馬懿父子如此陰賊險狠，而一班幫凶們還高唱着名教禮法。名教禮法成了欺世盜名的工具。這一事實給與當時思想界以強烈的刺激。思想因之而改變。以阮籍嵇康為首的竹林名士，痛心疾首於這種虛偽欺騙的名教禮法，於是倡導"越名教而任自然"，"越名任心"的學說。思想的主流自此便由正始時代合儒道、合老易的唯理主義轉變而為以老莊為主的自由主義。

西晉的時候政治腐敗黑暗得不堪，尤其到了惠帝司馬衷的時代，賈后、八王殘酷的政權爭奪暴發了。在這一政權爭奪中，文有許多名士被殺了。因此，士大夫像王戎王衍之流的人物，為着保全生命，祿位和門戶，便對現實的政治保持緘默。同時，他們是豪門世族，達官貴人，他們有足夠的閑暇高談玄虛，享受，欣賞精神自由的生活。因此，阮籍嵇康等的越名任心的學說，他們更推進一步，變為鄙棄現實，耻笑勤機，而一味的過着心無所累的精神自由生活。自此以下直至東晉南朝，便都受着這種思想所支配。由於這種思想的影响，士大夫這一階級的生活日益腐化，政治日

20X25

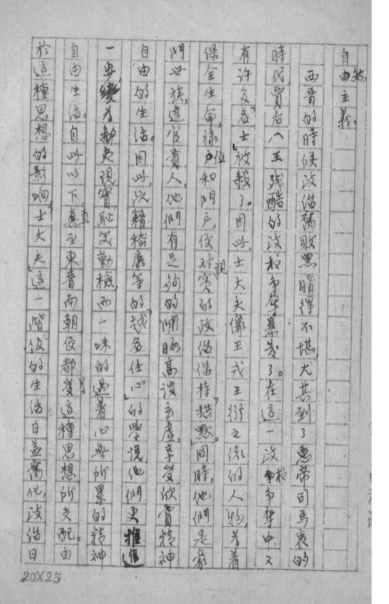

No. 4

無能。

這篇短文的目的，就想將上面所說的清談思想發展的過程，作一簡單的考察和說明。

## 二　清談思想的起源

清談思想起始於什麼時候？通常日本學者都認為所謂清談思想是指何晏王弼以後以至東晉南北朝時代的思想。我們覺得這種看法是不甚妥當的。我們覺得清談思想在後漢桓帝劉祐時代就已開始了。這就是桓靈時代的太學生及宦官運動。

話說清談思想史，應當從後漢桓靈時代太學生及宦官運動開

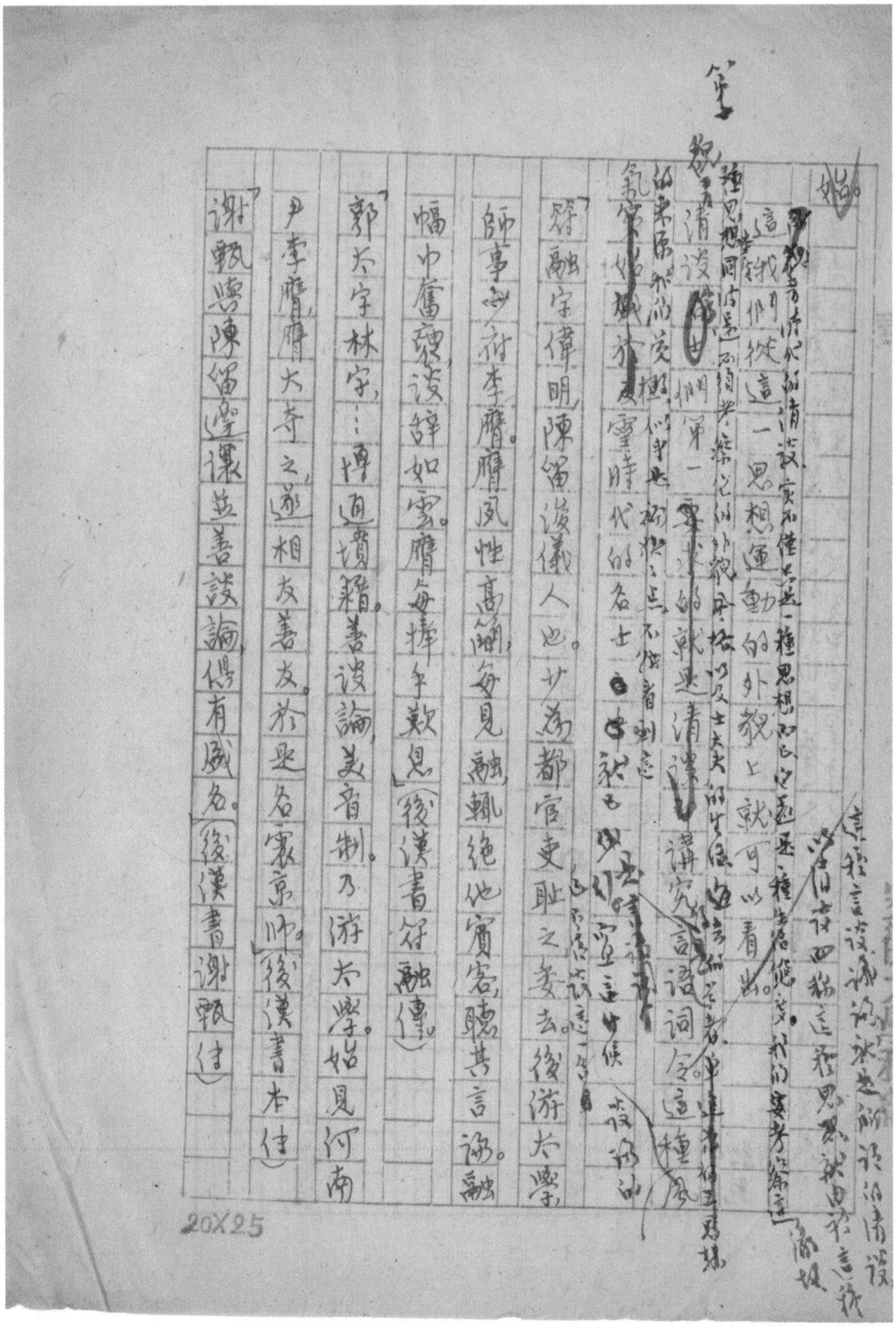

我們從這一思想運動的外貌上就可以看出。

清談[illegible]們第一要求的就是清談，講究言詞令。這種風

符融字偉明，陳留浚儀人也。少為都官吏，恥之，委去。後游太學，師事少府李膺。膺風性高簡，每見融，輒絕他賓客，聽其言論。融幅巾奮褎，談辭如雲。膺每捧手歎息。（後漢書符融傳）

郭太字林宗，……博通墳籍。善談論，美音制。乃游太學，始見河南尹李膺，膺大奇之，遂相友善。於是名震京師。（後漢書本傳）

謝甄與陳留邊讓並善談論，俱有盛名。（後漢書謝甄傳）

20X25

No: 5.

這裡所舉的郭太、符融都是桓靈時代的太學生領袖，反宦官運動中的著名人物，他們就已善談論，並且已以善談論為高。這種談論，就是清談。清談這一名目，此時也即有了。後漢書郭太傳云："孔公緒清談高論，噓枯吹生。"魏太子丕報鍾繇書云："至於荀公之清談，孫權之嫵媚，執書嗢噱，不能離手。"（魏志鍾繇傳注）孔伷是桓靈時候的人。荀爽則更與李膺同志友善的黨錮領袖之一，他們的談論就已稱之為清談，可見清談之目，桓靈時代就有了。

魏晉清談名士多重人倫鑒識。這也是從桓靈時代就已興盛的。也始盛於反宦官的太學生領袖之中。如郭林宗善人倫。符融名知人。何顒名知人。許劭好人倫。劭和他的從兄許靖品題鄉里人物，每月輒更其品題，謂之月旦评。

因為人倫鑒識之學的興起，对人物加以品评，於是有所謂題目，即用一兩句話描述一個人的才能，風度，品德。這種風氣在桓靈及黨錮運動的時候也即有了。茲試舉幾條记載即可知道。

「或問汝南范滂曰，郭林宗何如人？滂曰，隱不違親，貞不絕俗，天子不得臣，諸侯不得友。」（後漢書郭太傳）

「初，郭太至南州，過袁奉高，不宿而去。從黃叔度，累日不去。或以問太，太曰，奉高之器，譬之泛濫，雖清而易挹。叔度之器，汪汪若千頃之陂，澄之不清，撓之不濁，不可量也。」（同上）

「李膺嶽峙淵清，峻貌貴重。華夏稱之曰，潁川李府君頵頵如玉

20X25

No. 6.

山。汝南陳仲舉軒々如千里馬，南陽朱公叔飂々如行松柏之下。（世說新語賞譽篇注引李氏家傳）

僅就此處所舉幾件簡單的事實，我們就很明白地可以知道清談思想起於桓靈時代。此外如所謂名士的風度和他們所理想的人物的相同，莫不都可以證明這一點。

這種清談思想的起源，過去的學者或謂源於王充，或謂始於馬融。（一）我們覺得這種說法是不確當的。由我們的考察，我們認為從學術思想的關係上看，它實有兩個來源：一是師承劉歆揚雄的古文學派，一是汝穎學派。後一派也是講古文的，但風格與一派略有不同。這兩派承後都藉太學發揚光大。這兩派的思想

由於安帝順帝時代政治社會的激動，到了桓帝的時候遂寖假成為思想的範潮。 一、

後漢時代的學術，最早大概可分為兩派。一是講章句名物陰陽讖緯的。另一派則師承劉歆揚雄的。這一派學術的風格與王充所言要懷先王之道含百家之言的文儒論衡效力篇他們的學術雖也研究經學但不守章句，而言大義。同時又兼通百家和辭賦。這一派的學者最早有班彪，桓譚，王充，崔駰，尹敏，班固，稍後有崔瑗，馬融，張衡，王符，竇章等。後漢書桓譚傳云：

譚好音律，善鼓琴，博學多通，徧習五經，皆詁訓大義，不為章句。能文章，尤好古學，從劉歆揚雄辯析疑異。性嗜倡樂，簡易不脩

20X25

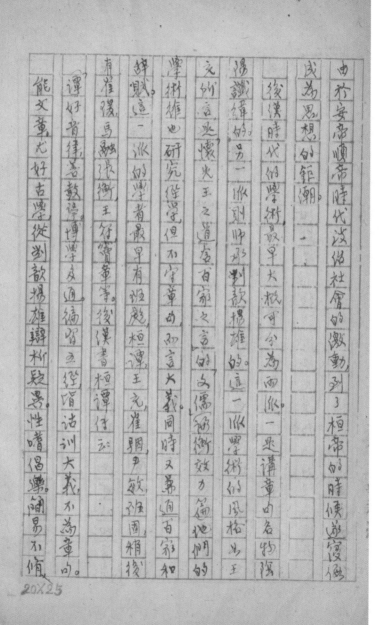

No. 7.

咸儀，而喜非毁俗儒，由是多見排抵。

崔駰傳云：

駰年十三，能通詩易春秋，博學有偉才，盡通古今訓詁百家之言。善屬文。少游太學，與班固、傅毅同時齊名。常以典籍為業，未遑仕進之士。

王充傳云：

少孤，鄉里稱孝。後到京師，受業太學，師事扶風班彪。好博覽而不守章句。家貧無書，常游洛陽市肆，閱所賣書，一見輒能誦憶，遂博通衆流百家之言。

班固傳云：

九歲，能屬文，誦詩賦。及長，遂博貫載籍。九流百家之言，無不窮究。

這些人，很明顯，是以儒學為主而兼通百家之言和文章詞賦的。他們不是師生，便是朋友，當然可以說是構成一個学派。比這些稍後點的又有崔瑗、馬融、張衡、王符、竇章等人。後漢書崔瑗傳云：

瑗（駰子）鋭志好學，盡能傳其父業。年十八，至京師，從侍中賈逵質正大義。逵善待之。瑗留學遂明天官歷數京房易傳，六日七分。諸儒宗之。與扶風馬融、南陽張衡，特相友好。

馬融傳云：

融才高博洽，為世通儒，教養諸生，常有數千。……嘗欲訓左氏春

20X25

No: 8.

秋，及見賈逵、鄭衆注，乃曰：賈君精而不博，鄭君博而不精，既精既博，吾何加焉。但著三傳異同說。注孝經、論語、詩、易、三禮、尚書、列女傳、老子、淮南子、離騷。所著賦、頌、碑、誄、書記、表奏、七言、琴歌、对策、遺令，凡二十一篇。

王符傳云

「少好學，有志操。與馬融、竇章、張衡、崔瑗等友善。……自安和之後，世務游宦，當塗者更相薦引，而符獨耿介，不同於俗，以此遂不得升進。志意蘊憤，乃隱居。著書三十餘篇，以譏當時得失。不欲章顯其名，故號曰潛夫論。」

張衡傳云

「少善屬文，游於三輔，因入京師，觀太學，遂通五經，貫六藝。雖才
高於世，而無驕尚之情。常從容淡靜，不好交接俗人。……衡善機
巧，尤致思於天文陰陽歷算。常好玄經，謂崔瑗曰，吾觀太玄，方
知子雲妙極道數，乃與五經相擬，非徒傳記之屬。」
竇章傳云：
「少好學，有文章。與馬融崔瑗同好，更相推薦。」
崔瑗、馬融、王符、張衡、竇章等，他們同志友善，他們學問的旨趣風
格又是相同的，自然是當時的一個學派。這一學派也是以儒術
為宗，而兼通百家詞賦的。馬融為一代經師，他除注五經外，又注
列女傳，淮南子，老子，離騷。崔瑗傳其父業，也通百家。張衡兼通天

20X25

No. 9

文歷寫，善文章，更為博洽。這一派學問顯然是和後漢初期桓譚、崔駰、王充等相同的，他們就是承繼了這一派。崔駰傳其父業，就可明白地證明這一點。這一派最重的傳播地則為太學。

講後漢時代的學術，有一點學者們未甚注意，而我們以為必須重視的，就是洛陽的太學。太學自光武時代建立以後，到了明帝到和章帝到烜時代達到極盛。這一規模宏大的太學為全國的人才所薈集之地，是全國最高的學術機關，它對於學術思想應當也必然會發生重要的作用和影響。後漢時代這種懷先王之道，兼百家之言的文儒的學術思想，我們看王充、崔駰、班固、崔瑗、張衡等都是太學學生，就可以知道它實以太學為主要的流傳的地方。這一派有大學者它的根據地，又有許多名家，在後漢時代的思想界始終佔有很大的勢力。

這一派的學術，因為它是兼治百家的，他們的思想已不拘於儒家一家，而是兼有百家的成份。如王充兼及道家，王符兼有法家，都是很顯然的例子。尤可注意的，是這一派思想裡已有莊子思想的成份。不僅他們的文章裡引用了不少莊子的語句，(二)而他們對於人生，已有莊子達生任性的態度。崔駰達旨是他自己志趣的自述，他說：「繫余馬以安行，從性命之所存。」後漢書馬融傳說融「善鼓琴，好吹笛，達生任性，不拘儒者之節。」崔駰馬融這種思想就是後漢清談思想中莊子一派的濫觴。

20X25

No. 10

清談思想另一個來源是汝潁學派。這一學派对於清談思想的關係，過去學者幾毫未注意，甚至沒有人提到過。汝潁學派這一名稱也是我姑且加上的。晉書陳頵傳云——

「解結曰，張彥真以為汝潁巧辯，恐不及青徐儒雅也。頵曰，彥真與元禮不協，故設過言……」

張彥真名升，和李膺同時的人。由他這句話裡，汝潁地方確成為一個學術的派別，它的風格和齊魯的儒家不同。我們考察了這一段歷史也可見到，在後漢時代汝南潁川地方實成為一個學術風氣。這一派所發生的地方當然不止是汝南和潁川，但是其中的領導人物，却以兩郡人為主。所以我們給它一個汝潁學派的稱號。

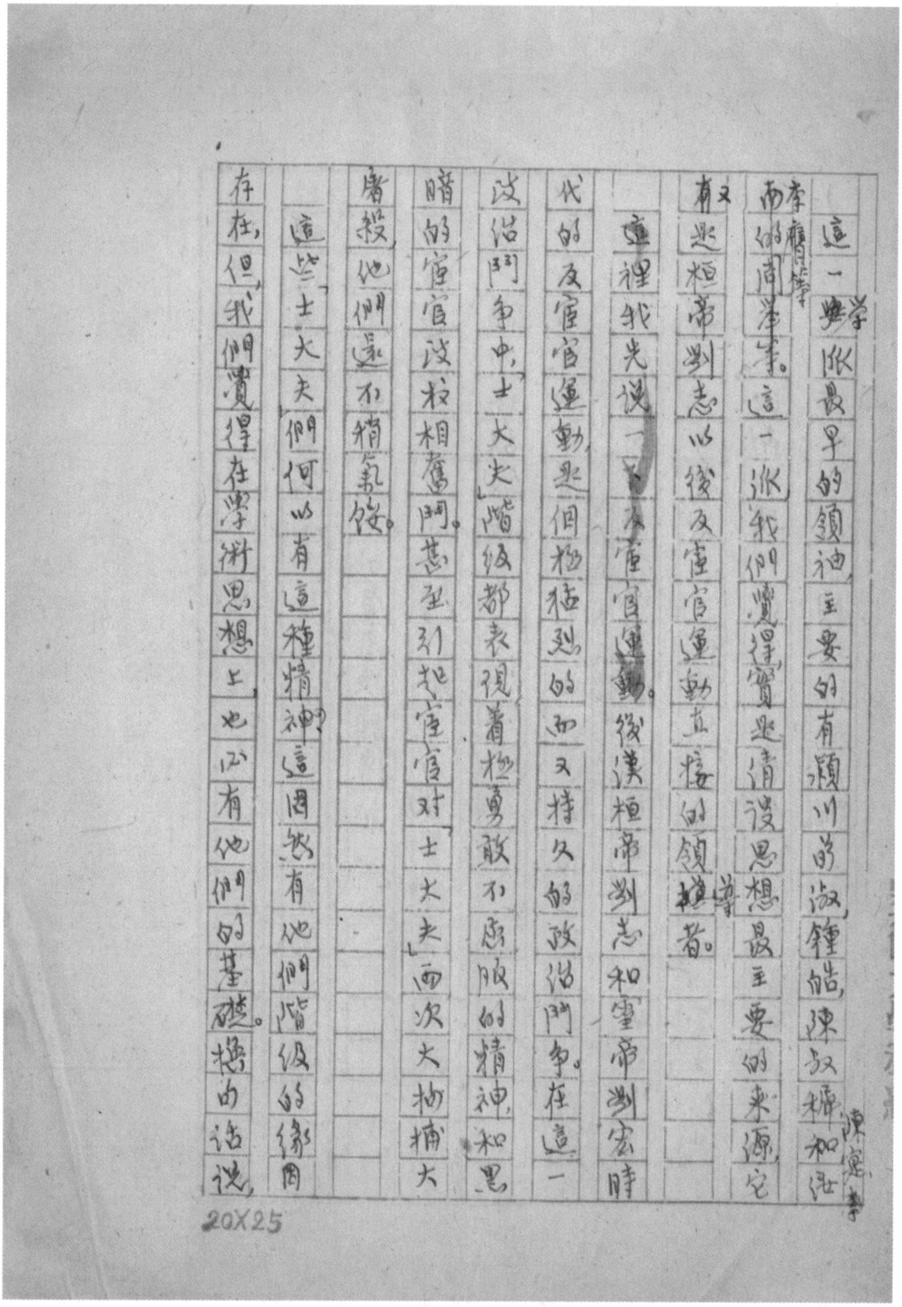

這一學派最早的領袖，主要的有潁川的荀淑，鍾皓，陳叔韓和汝南的周乘等。陳寔、李膺等這一派我們覺得實是清談思想最主要的來源，它又有是桓帝劉志以後反宦官運動直接的領模導者。

這裡我先說一下反宦官運動。從漢桓帝劉志和靈帝劉宏時代的反宦官運動是個極猛烈的而又持久的政治鬥爭。在這一政治鬥爭中，士大夫階級都表現着極勇敢不屈服的精神，和黑暗的宦官政权相奮鬥。甚至引起宦官对士大夫兩次大拘捕大屠殺，他們還不稍氣餒。

這些士大夫們何以有這種精神？這固然有他們階級的緣因存在，但我們覺得在學術思想上也必有他們的基礎。換句話說，

20X25

[illegible]

No: 11

他們必受了一種學術思想的陶融培育，才有這樣的精神，才有這樣一個磅礡的大運動。否則，他何嘗不可以成為與宦官同流合汙的官僚。

再從反宦官運動的幾個領導人物來看，李膺，范滂，陳蕃等人，他們的品格，志趣何等不凡！世說新語德行篇云：

「李元禮風格秀整，高自標持，欲以天下名教是非為己任。」

又云：

「陳仲舉言為士則，行為世範，登車攬轡，有澄清天下之志。」

張璠漢紀云：

「范滂為功曹，辟公府掾，升車攬轡，有澄清天下之志。百城聞滂高名，皆解印綬去。」

李膺，陳蕃，范滂等有這樣的抱負氣度，他們決不是沒有理想的。他們這種抱負，品德和理想，也必有他們學術思想的礎基。

因此，依我們的看法，桓靈時代的反宦官運動，實有它思想的根源，而同時它本身也即是一個思想運動。這種思想即源於的徵鍾皓，韓韶，及周防周舉等人。

領導太學生作反宦官運動的，最主要的是李膺，陳蕃，王暢等。當時太學生推崇他們三個人說：「天下模楷李元禮，不畏強禦陳仲舉，天下俊秀王叔茂。」其中尤其重要的，則為李膺。范曄論李膺云：

20X25

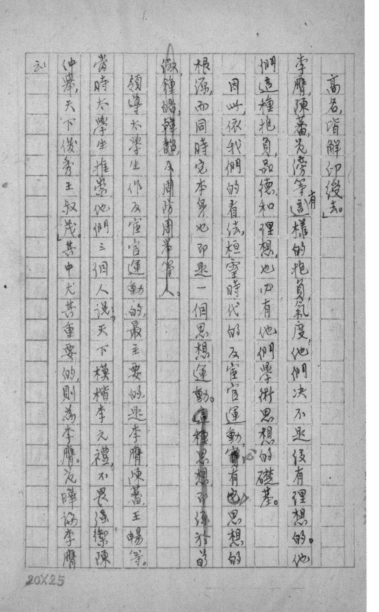

No. 12

「李膺振拔污險之中，蘊義生風，以鼓動流俗，激素行以耻威權，立廉尚以振貴勢，使天下之士，奮迅感概，波蕩而從之，幽深牢，破室族而不顧。至于子伏其死，而母歡其義，壯矣哉。（後漢書黨錮傳）

由這段議論，可知反宦官運動，主要的是由李膺鼓動起来的。李膺就是潁川人，他和王暢都是荀淑的弟子。續漢書云

「淑有高才，王暢李膺皆以為師。（魏志荀彧傳注引）

又張璠漢紀云

「淑博學有高行，與李固李膺同志友善（同上）

又海内先賢傳云

「潁川先輩為海內所思者：定陵陳稚叔，潁陰荀淑，長社鍾皓。少袝李膺宗此三君。常言荀君清識難尚，陳鍾至德可師。」（世說新語德行篇注引）

又後漢書韓韶傳云

「卒官。同郡李膺，陳寔，杜密，荀淑為立碑頌焉。」

由這些記載，我們可以知道李膺不僅以荀淑為師，他還和鍾皓韓韶有師友的關係。這樣，李膺王暢的思想來源，必出自於荀淑鍾皓等人。也就可明白了。

不僅反宦官運動的領袖李膺王暢是荀淑的弟子，荀淑的子姪也直接參加了反宦官運動。如荀淑的兒子荀爽，姪子荀昱荀

20×25

No. 13

曇都在黨錮之列。荀爽在當時聲名極高，他和李膺交誼至厚，和膺的關係也在師友之間。荀昱、荀曇，據後漢書荀淑傳云：「昱為沛相，曇為廣陵太守，兄弟皆正身疾惡，志除閹官，其支黨賓客有在二郡者，纖罪必誅。昱後共大將軍竇武謀誅中官，與李膺俱死。曇亦禁錮終身。」

他們更是積極與宦官奮鬥者。由荀氏子弟之參加反宦官運動，更可證明反宦官運動的思想倒像是出自潁川。自桓靈以後至於魏，潁川的鍾陳荀家成為名族，也可推知，就因為他們於反宦官運動起領導著的緣故。

海內先賢傳謂：「潁川先輩為海內所思者，有陳寔、荀淑、鍾皓。」

他們為海內所思，由此可以意味到他們思想所影响的範圍和深度，確實不小。他們的思想能成為反宦官運動的領導思想，實不僅由於李膺王暢等而已，也由他們的思想原即有相當的勢力。

然則汝潁學派的內容究竟怎樣？風格怎樣？由於現在所遺存關於他們的材料，甚詳細的情形，我們已難知道了。不過其大致的輪廓，主要的要點，尤其成為魏晉清談思想淵源的幾點，我們是可以考見的。

張升批評這一派說：汝潁多巧辯。巧辯應該就是一派表現於外面的風格。然則巧辯二字應作怎樣的解釋？是不是就是詭辯？

20X25

No: 14.

這當然不是的。我們覺得張升称一派為巧辯，乃因為這一派是講議論的。後漢書荀淑傳云：

「少有高行，博學而不守章句，多為俗儒所非。」

是荀淑也在經學方面只講大義而又兼通百家的。因為他只講大義，不守章句，所以他偏重於思想義理之推究，因之發而為議論。何劭荀粲別傳云：「粲諸兄並以儒術論議，而粲獨好言道。」（魏志荀彧傳注引）粲是荀彧子，是淑之曾孫，他們弟兄都以儒術論議為業，由此可以推知他們的家學是尚儒術論議的。又由荀爽荀悅的學問，我們也可以証明這一點。不過這一派雖也只講大義又兼通百家，但和崔駰，崔瑗，馬融，張衡等實略不同。即這一派不講詞賦。自後漢以至魏晉文學如此興盛時代，而潁川荀氏，鍾氏，陳氏，沒有一個以詩賦文章著名的，就由於這個道理。

這一派思想最主要的要點，也就是後來成為清談思想的淵源和骨幹的，就是他們首先提出了1、識，2、理，3、人倫。此外他們又主張法治。總括地說，他們是想融滙儒道法三家的思想。

過去學者論清談思想，都未提到識。我們覺得，魏晉清談家對於識是看得很重的。何劭荀粲別傳云：

「粲與傅嘏善，夏侯玄亦親。常謂嘏玄曰，子等在世塗閒，功名必勝我，但識劣我耳。嘏難曰，能勝功名者識也，天下孰有本不足，而末有餘者邪。粲曰，功名者，志局之所奬也。然則志局自一物

20X25

No. 15.

耳，固非識之所獨濟也。我以能使子等為貴，然未必齊子等所為也。

這裡，荀粲很驕傲地自以為有識，而傅嘏也認為識是一切之根本，可見清談家是以識為重的。此外，我們又可看到許多清談家有識的記載：

陳諶字季方，寔少子也。才識博達。（世說新語德行篇注引海內先賢傳）

陳羣字長文，祖寔嘗謂宗人曰，此兒必興吾宗。及長有識度（世說新語德行篇注引魏書）

王朗每以識度推華歆。（世說新語德行篇）

「樂廣字彥輔，南陽人，清夷沖曠，加有識理。」（世說新語言語篇注虞預晉書）

「王澄字平子，有達識。」（世說新語言語篇注引晉諸公贊）

「衛玠穎識通達，天韻標令。」（世說新語言語篇注引衛玠別傳）

由這些記載，我們更可以知道清談家確以有識為貴。

這個識字之提出，而且重視它，我們覺得最早就是荀淑。李膺推崇荀淑，云：「荀君清識難尚」。由這句話可知荀淑必識見甚高。而識由他首先提倡，也由此可以推知。李膺這樣推崇荀淑，可見李膺自己也必以有識為貴。陳諶、陳羣都是潁川人，而與荀氏及李膺等有密切關係的，他們都有識度，可知自荀淑、李膺以後，貴識即

20X25

No. 16.

成為一種風氣。

的傚李膺等揭举出識，在後漢學術上不能說不是個創見，在的傚以前，和他同時的時代，是名物、章句、陰陽讖之學的勢力籠罩着的時代。這種學問是說不到什麼見識的。的傚在這樣的時候，首先提倡貴識，實可以說是個大膽的举動，是個革命的举動。他多為俗儒所非，由此也可知其原因了。

的傚提出貴識，也是他學問的必然結果。他既不守章句而言大義，又博通百家，他的學問自然趋向於理論和思想的探討。這種研究思想理論的學問，非有高深的見識不可。同時這種學問也必然地會養成有見識。

清談哲學，尤其何晏王弼的思想，乃是唯理的哲學，他們主要的是要發明易老的自然之理，（詳後）這種辯理的闡論，我們覺得，似乎也以潁川一派爲最早。後漢書韓韶傳云

「子融字元長，少能辯理，而不爲章句學，聲名甚盛。」

後漢時代關於辯理的記載，似乎以這一條爲最早，這也許由於不使淺識的緣故。這裡，我們所要推究的，韓融少能辯理，他的學問的淵源從何而來？我們覺得，韓融這種辯理之學，即從潁川這一學派的學風中培育出來的。韓融是韓韶子，潁川舞陽人，他的名輩較荀淑略晚，而與李膺、荀爽等同。但他的父親韓韶則和荀淑、陳寔、李膺等相知友善。可知他也是這一學派裡的人。他辯理

袁宏後漢紀卷二十五「（韓）融字元長，潁川人，博學不爲章句，皆究通其義，屢徵聘皆不就。」

後漢書卷六十八「（郭林宗）泰始中至京師，亦以人倫行，融見而嗟服，言儀遠見清理，行不可名言，不可[illegible]其異也，言之於河南尹李膺[illegible]見[illegible]以爲郭林宗者，其聰識通朗，高雅密博，今之華夏鮮見其儔，友而親之[illegible]人之鑒[illegible]原[illegible]太原[illegible]言[illegible]字見其儔。」

No. 17

之學必受了名家等之啓發，由此可知。

這種辯理之學也是他們學問的必然結果。因為他們所講的是儒術大義和諸子百家，必然的是思想理論。不過他們所探討的「理」未必即是「易老之理」。可是這種辯理之學，我們覺得却是後來何王易老之學的濫觴。由這種辯理之學轉而為漢魏之際的名理之學，由名理之學再產生為何王的易老之學，這中間的變遷脈絡，我們是可以看出的。

自後漢中葉直到魏晉南北朝，極重人倫鑒識。在這一時期裡，清談名士幾無不以能知人為高。這件事我們覺得不特造成了所謂「名士」的「風度」，而且間接地也還影響了政治和社會。這種人倫鑒識之提倡，也是由荀淑等開始的。後漢書荀淑傳云：

「少有高行。博學而不好章句，多為俗儒所非，而州里稱其知人。」

後漢時代最為善人倫的是郭林宗和許劭、許靖等，但他們名望都後於荀淑。林宗只和他子爽同年。荀淑在郭林宗以前，就以知人著名，可見人倫之學，當以他為最早。郭林宗等乃是受他的影响的。所謂知人還不僅識人而已，還要拔士。而所謂拔士者，又不只是說治上選用人才，而且還要獎拔後進和教化可教化的人。這樣拔士者，似乎也以荀淑為最早，至少在所見到的文字記載上是如此。先賢行狀云：

「荀淑字季和，潁川潁陰人也。所拔韋褐芻牧之中，執案刀筆之

20X25

No: 18

吏，皆為英彥」。

自昭假之後，這種人倫鑒識之學便很快地成為一種很興盛的學問。如郭林宗，許劭，許靖，賈偉節，何顒，邊讓，司馬徽，荀彧，陳羣，都是知人著名的，其他更不可勝數。

此種人倫鑒識一望可知，是出於儒家的尚賢論。其最主要的根據便是「知人則哲」，「連如諸」。治理國家，必須選用賢人。賢人何由可知？這便不能不有卓識了。清談名士把人倫鑒識看得那麼高，原因即在於此。後漢時代儒學那樣發達，賢人政治的思想本極興盛，政治上帝王宰相也極力徵辟禮遇賢德之士。這種思想便是產生這種人倫之學的一個原因。

他們提倡人倫鑒識，然則他們所想望的賢人是怎樣的人呢？換句話說，他們所理想的人格是怎樣的呢？我們覺得他們所理想的最高的人格，是近道家的人物。後漢時有黃憲其人，後漢書記其事云：

「黃憲字叔度，汝南慎陽人也。世貧賤，父為牛醫。潁川荀淑至慎陽，遇憲於逆旅。時年十四。淑竦然異之，揖與語，移日不能去。謂憲曰，子吾之師表也。既而前至袁閬所，未及勞問，逆曰，子國有顏子，寧識之乎。閬曰，見吾叔度邪。是時同郡戴良才高倨傲，而見憲未嘗不正容，及歸罔然若有所失也。其母問曰，汝復從牛醫兒来邪。对曰，良不見叔度，不自以為不及，既度其人，則瞻之

20X25

No: 19

在前，忽焉在後，固難得而測矣。同郡陳蕃周舉常相謂曰，時月之間不見黄生，則鄙吝之萌，復存乎心。及蕃為三公，臨朝歎曰，叔度若在，吾不敢先佩印綬矣。……郭林宗少游汝南，先過袁閬，不宿而退。進往從憲，累日方還。或以問林宗。林宗曰，奉高之器，譬諸氿濫，雖清而易挹。叔度汪々若千頃陂，澄之不清，淆之不濁，不可量也。

黄叔度這個人，荀淑以為他可以為自己的師表，陳蕃謂若黄叔度在，自己不敢為三公，而恃才傲物，以孔子大禹自居的戴良，更奉他為聖人。他們這樣地推崇黄叔度，則黄叔度應該是他們理想的人物了。換句話說，他們所理想的典型的人格，應該是像黄叔度這一類型的人。」然則黃叔度究竟是怎樣的人物？他為當時最著名的名士如此傾倒折服者，究竟在什么地方？戴良說他「難得而測」，郭林宗說他「不可量也」。清談家中第一流名士，人家往往以「不可測」稱道他。如王昶稱阮籍「自以為不能測也」（晉書阮籍傳）王衍推歎山濤「晻晻為與道合，其深不可測」。（世說新語德行篇注引文士傳）由此可知，「不可測」的人格，便是他們所理想的人格的典型」。這種「不可測」的人物，實是道家所理想的人物。這是出之於老子。老子云：

「古之善為士者，微妙玄通，深不可識。夫唯不可識，故強為之容：豫焉若冬涉川，猶兮若畏四鄰，儼兮其若容，渙兮若冰之將釋，

20X25

延篤貽劉祐書云：「昔太伯三讓，人無德而稱焉；延陵高揖，華夏仰其風。[illegible]」（劉祐傳）

No. 20.

敦兮若其樸，曠兮其若谷，混兮其若濁。這裡所謂的微妙玄通深不可識的人物，豈不很明顯的就是清談家所想望的深不可測的人物。

然則這種深不可測的人，何以為高呢？漢晉清談家認為這種深不可測的人物便是與道合而為一的。王衍稱山濤晻々為與道合，其深不可測。由這句話，就可知道王衍實以山濤是好道相合一的人物。又後漢書黃憲傳論云：

黃憲言論風旨，無所傳聞，然士君子見之者靡不服深遠，去玼吝，將以道周性全，無德而稱乎。余曾祖穆侯（注范曄曾祖）以為憲隤然其處順，淵然其似道，淺深莫臻其分，清濁未議其方。若及問於孔氏，其殆庶乎。」

由范注這段議論，可知黃憲之所以為人所推服，也就因為他淵乎其似道的緣故。道為萬物之宗，而又深遠不可知，一個人與道合一，自然就是與天地合德的聖人了，何不可貴。

不過在漢晉清談家心目中，這樣的與道為一的人物卻只有孔子。顏淵稱歎孔子云：「仰之彌高，鑽之彌堅，瞻之在前，忽然在後。」何晏注：「仰之彌高，鑽之彌堅，言不可窮盡。瞻之在前，忽然在後，言恍惚不可為形象。」這顯然何晏是視孔子為深遠不可名言的人格。又戴良稱讚黃叔度為「瞻之在前，忽然在後，固難得而測矣。」也是以黃叔度是類於孔子的人物。反過來說，他也是以孔子為深不可測的。

20X25

No. 21

又漢晉以來，稱道賢德之士，往々稱之為顏子。如前徵稱黃叔度為顏子，南陽太守某稱朱穆為顏回，（後漢書穆傳注引謝承書）郭奕稱羊祜，今日之顏子也。（晉書祜傳）諸如此類記載，不勝枚舉。他們所以擬人於顏回，也就因為顏回在孔門之中，是僅次於孔子的人物。他雖未能如孔子一樣與道為一，但卻最能體道。易繫辭「顏氏之子，其殆庶幾乎。」韓康伯注云：「幾者，神妙也。顏子知微故殆庶幾。孔子曰，回也，其庶幾乎」註

顏子知微體道，是漢晉人一般所公認的。他們不敢自比於孔子，所以想望於顏回。

這裡，我們可以看到一個事實，即他們所理想的人格是老子

所理想的人格，而這一人格的具體人物又是孔子，由此[illegible]

淑李膺等的思想已是合儒道為一的了。

他們理想的最高的人格是微妙元通，深不可識的人格。我們覺得，後來清談名士的所謂「風儀」，至少有一部份即由此而產生的。這種微妙元通，深不可識的神情態度，老子說可以勉強的形容是：

「豫兮若冬涉川，猶兮若畏四鄰，儼兮其若容，渙兮若冰之將釋，敦兮其若樸，曠兮其若谷，混兮其若濁。」

清談名士想望深不可識的人物，模擬這種神態，於是成為似痴非痴，似狂非狂的名士風度。

20X25

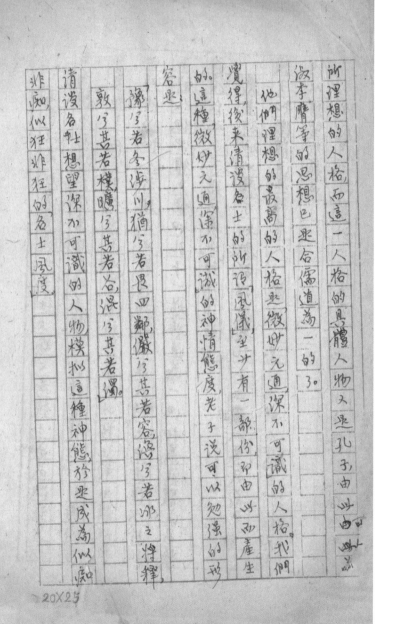

No. 22.

這種人倫鑒識既經許劭等提出以後，很快地便成為一種極熾的風氣。「知人」則指識別人物，亦非易事。怎樣識別人才，當時亦成為一種學問，有它的理論，可惜我們關於這方面材料太少，已不能知其詳。我們覺得膾炙於魏晉清談家之口的才性異同離合之論即才性四本，即由此而來的學問。

尤其重要的，我們覺得影响魏晉政治社會甚鉅的選舉九品官人法也是由這種人倫鑒識而來的。從制度的本身上，我們實

從漢書人表已把古今人物分為九品，陳群九品官人的思想可由此脫胎而來

找不出九品官人法的根源。九品官人法以中正一人而品評一地人才的高低優劣，這顯然是受了人倫鑒識的風氣的影响和以它為基礎而形成的。又中正選拔人才，品評人才時，也有所謂

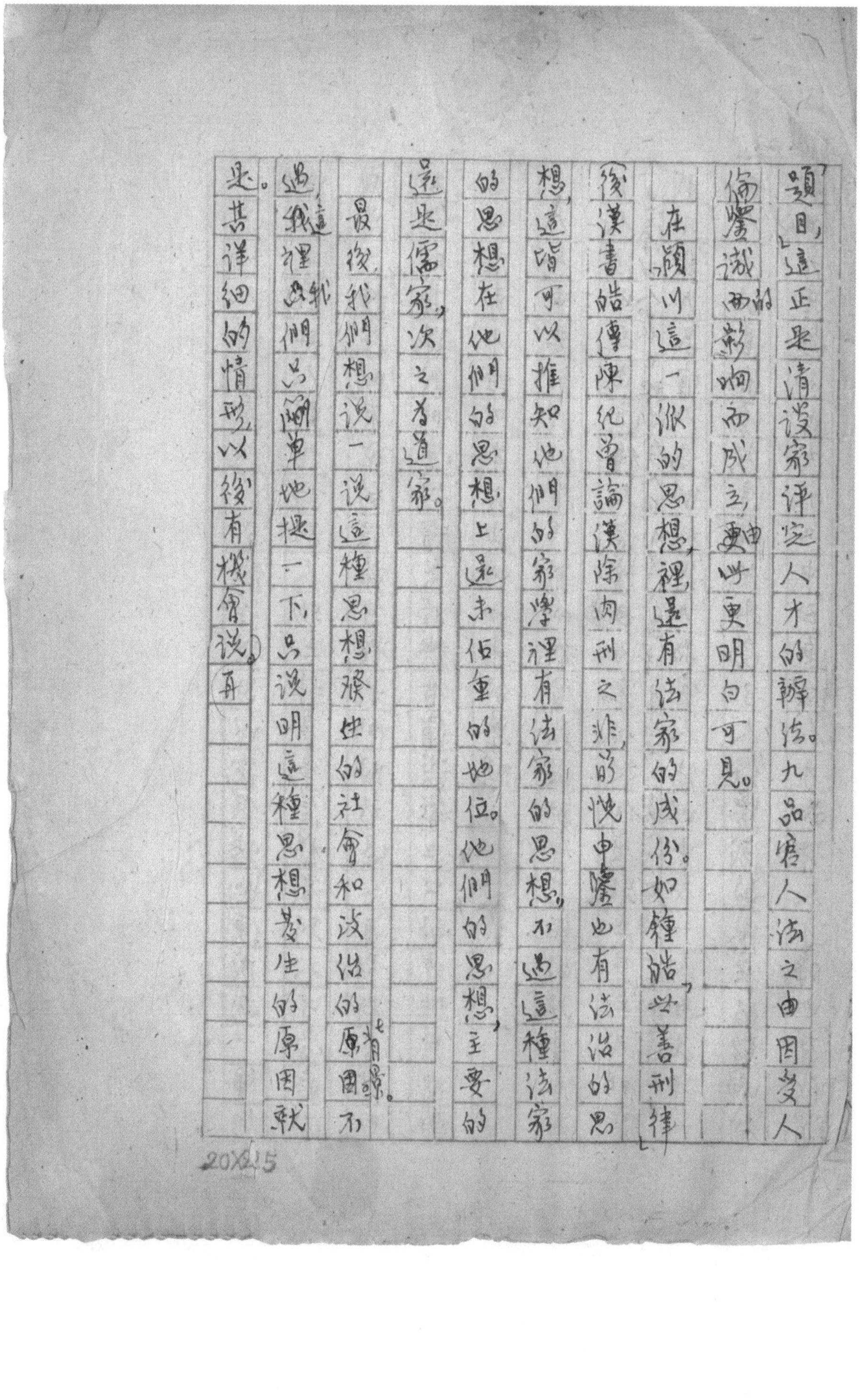

「題目」這正是清談家評定人才的辦法。九品官人法之由因受人倫鑒識的影响而成立，由此更明白可見。

在潁川這一派的思想裡，還有法家的成份。如鍾皓，「善刑律」（後漢書皓傳）。陳紀曾論漢除肉刑之非，荀悅申鑒也有法治的思想，這皆可以推知他們的家學裡有法家的思想，不過這種法家的思想在他們的思想上還未佔重的地位。他們的思想，主要的還是儒家，次之為道家。

最後我們想說一說這種思想發生的社會和政治的背景。不過這裡我們只簡單地提一下，只說明這種思想發生的原因就是。其詳細的情形，以後有機會再說。

20×25

No. 23

漢代的政治，總括一句說，始終是在豪族和外戚宦官三種勢力的鬥爭中。外戚宦官是依附寄生於帝王的勢力，是所謂社稷城狐。豪族則即是官僚地主。這兩種勢力爭奪政權，不管誰勝誰負，其結果都同樣的对人民的剝削日漸加深，人民的生活日漸困苦。

後漢初數十年間，大概地說是豪族得勢的時候。光武帝劉秀最初起兵推翻王莽，雖是藉着農民的力量，但他最後能消滅劉盆子而奪取得政權，却全依靠豪族的勢力。這我們只要看他的功臣大多出身於著姓豪強和王莽時代的官僚即可知道了。如寇恂為昌平著姓，李通為南陽著姓，耿純為鉅鹿大姓，[illegible]

千石，來歙父仲，哀帝時為諫大夫，馮異為潁川郡掾，耿況為朔調連率（即上谷太守），銚期為桂陽太守，在他的功臣中最低的也出於郡吏。劉秀既藉豪族奪得政權，政治上自然豪族最佔勢力。因為政治上官僚豪族佔勢力，政策的實施便不得不滿足他們的要求。這中間最重要的，就是提倡儒術，尊崇士人。提倡儒術本是統治者鞏固自己政權的政策，但這也鞏固了官僚士人在政治上的地位。又因為這樣，以後的數十年官僚豪族便直線地向上發展着。

可是這種政治形勢，到了和帝劉肇時代，就逐漸改變了。這時是政治上有兩種新的勢力興起來，即外戚和宦官。這兩種勢力

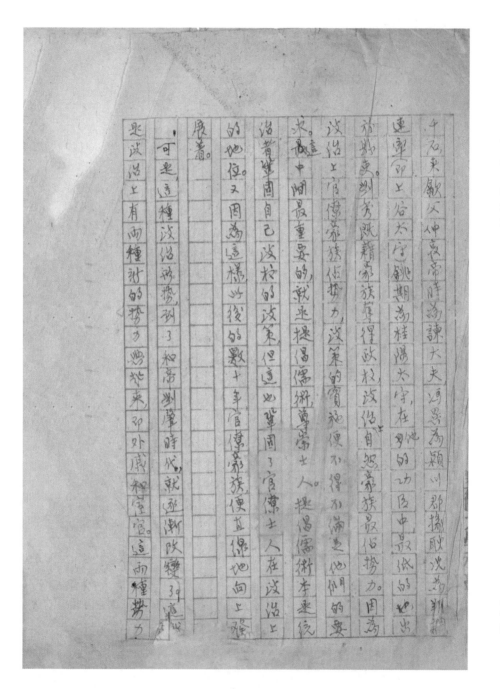

# 说商亳

胡澱咸

商始祖契的封地——商在什么地方，汉晋学者郑玄说"在太华之阳"，皇甫谧说即"上洛之商"①。宋忠说"相土就契封于商"②。依宋忠之说，契之封地即相土所居之商丘。后世学者不少人仅从前说③。近代王国维仅从后说，并谓商丘即今河南省之商丘④。现在有些人都仅从王说。这两种说法我觉得都难令人首肯。前说大多是说经者相沿为说，无有力的佐证。王国维之说也失于深考。

据宋忠所说，商契始封之地即阏伯所居之商丘，但商丘在何处，他没有说明。襄公九年

《左傳》：“陶唐氏之火正閼伯居商丘，祀大火，而火紀時焉，相土因之。”相土所居之商即閼伯所居之商丘。关于閼伯所居商丘的地望，汉晋学者解释不一。班固⑤，郑玄⑥，杜預，司马彪⑦都说在睢阳，即今河南之商丘。皇甫謐，酈道元謂在濮阳。賈逵謂在“漳南”。⑧

襄公九年《左傳》杜預注云：

“閼伯　高辛氏之子。傳曰，遷閼伯於商丘，主辰。辰，大火也，今為宋星，然則商丘在宋也”。

《正义》云：

“春秋釋例云：宋、商、商丘三地一名，梁國睢阳縣也。傳曰：陶唐氏之火正閼伯居商丘，祀大火。又曰：宋，大辰之虛也，則商丘在宋。或以為漳南之殷虛為商丘，非也。是由商丘所在不明，故释例与此注俱以阏伯明之。"

很明显，杜预之说只是一种推测。这乃是由晋士弱的话而推想的。鲁襄公九年，宋发生火灾，晋悼公问士弱：宋国大火，为什么由此而知天道？士弱说："陶唐氏之火正阏伯居商丘，祀大火而火纪时焉，相土因之，故商主大火。商人阅其祸败之衅，必始于火，是以日知其有天道。"这显然是附会之辞。由宋大火而附会是阏伯为陶唐氏之火正，杜预又由此而推想阏伯所居之商丘在宋。这种附会想像之辞，自不足为据的。

再者，如商丘在宋，则宋这个地方应原名为商丘。但我们看，其地原实不名为商丘。《史记·宋微子世家》云："乃命微子开代殷后，奉

1103006855 20×15=300 安徽师范大学教务处稿纸

~~奉~~其先祀，作微子之命以申之，国於宋。”《集解》云：“駰案《世本》曰，宋更名睢阳。”可知微子未封之前，睢阳实原名宋，而不是名商或商丘。由此也可知商或商丘必不在宋。

皇甫谧和郦道元说阏伯和相土所居之商丘在濮阳。《帝王世纪》引《世本》云：

“相土徙商丘，本颛顼之虚。”(9)

《水经注·瓠子河》云：

“河水旧东决，迳濮阳县东北，故卫也，帝颛顼之虚。昔颛顼自穷桑徙此，号曰商丘，或谓之帝丘。本陶唐氏火正阏伯之所居，亦夏伯昆吾之都。殷相土又都之。故春秋传曰：阏伯居商丘，相土因之是也。”

近时岑仲勉也从此说，谓濮阳之商丘为相土之东都⑩，此说也不正确。

按濮阳古称帝丘。僖公三十一年《春秋经》云

“狄围衛，十有二月，衛迁于帝丘。”

《汉书·地理志》云：

“濮阳，衛成公自楚丘徙此。故帝丘，颛頊虚”

又云：

“衛国本朝歌，为狄所灭，文公徙楚丘。三十余年，子成公徙于帝丘。故春秋经曰：衛迁于帝丘，今之濮阳是也，本颛頊之虚，故谓之帝丘。夏后之世，昆吾氏居之”

卜辞有“帝𠂤”，“于帝𠂤，又雨”（甲779）。“帝𠂤”当就是帝丘。帝丘这个地名看来确起源

很早，顧名思义，必有为帝者曾居其地，傳說因颛頊居其地而得名，也許可信。其地直到春秋時代猶保存其旧時的名称。卜辞又有"商邑"和"丘商"，应就是商丘。据此，殷時商丘和帝丘乃是两地而不是一地。皇甫謐和酈道元謂商丘与帝丘为一地，显然是錯的。

这个錯误就是皇甫謐造成的。他錯误地以夏帝相也曾徙居商丘。《史记·夏本纪·集解》引《帝王世纪》云：

"帝相徙于商丘，依同姓诸侯斟寻。"

《太平御览》卷82引《帝王世纪》云：

"帝相一日相安。自太康以来，夏政凌迟，为羿所逼，乃徙商丘，依同姓诸侯斟灌、斟寻氏。"

按夏帝相所徙实是帝丘。僖公三十一年《左傳云：

“冬，狄围卫，卫迁于帝丘，卜曰三百年。卫成公梦康叔曰，相夺予享。公命祀相。甯武子不可，曰：鬼神非其族类，不歆其祀，杞、鄫何事？相之不享，于此久矣，非卫之罪也。”

这可以很清楚地说明夏帝相所徙的是帝丘，即濮阳，而不是商丘。

这个错误盖又是由于皇甫谧对夏帝相和相土混淆不清，误认相土为夏帝相所致。相土居商丘，因误以相土为夏帝相，于是便说相徙商丘。因相所居之地为古颛顼之虚的帝丘，于是又以商丘在颛顼之虚。郦道元依从皇甫谧之说，而又要调和其矛盾，于是便又说商丘或谓之帝丘。

我以为贾逵之说可能近乎事实，契的封地之商，也即商丘，是在漳水附近的地方。

《诗·玄鸟》：“天命玄鸟，降而生商，宅殷土茫茫。”《商颂》至少是春秋时代宋人的诗。宋人歌颂其祖先，其说总是比较可信的。这里说“宅殷土茫茫”，无疑，契的封地必在殷的境域之内。

卜辞也有商。我们再来研究一下。

卜辞有“天邑商”、“大邑商”、“商”、“中商”、“商□”、“商台”、“丘商”。

“甲午卜貞，在𤞷，天邑商皿宫，衣，兹因回𡆥，寧。”（缀合182）

“乙丑卜貞，在𤞷，天邑商公宫，衣，兹夕亡𡆥，寧。”（同上）

"丁卯王卜貞，今夕巫畬，余其比多田（缺）多白正盂方白，步，叀衣。翌衣，（缺）左自三子𠭯，[illegible]余受右，不曹𢦏（缺），于兹大邑商，亡徙才𡆥，弘吉。在十月，遘大丁翌。"（甲2416）

"天邑商""大邑商"有人谓是殷都⑪，有人谓是河南的商丘⑫，又有人谓"天邑商"在朝歌，"大邑商在沁阳"田猎区⑬。从卜辞辞意看，此處"天邑商"决不能釋为一地之名。"天邑商皿宫""天邑商公宫"乃是殷王祭祀其先世的宗廟，如"天邑商"是地名，便不可通。而且卜辞说"在狱，天邑商皿宫"，"狱"已是地名，"天邑商"何能又是地名呢？这样，语法也说不过去。"天邑商"实是商国，"商"乃是国号，不是地名。《尚书、多士》："予一人惟听用德，肆予敢求尔天邑商。""天邑商"也是指商国，孔颖达释为商都，也是错误的。此处"天邑商"是指当时的殷都。

卜辞：

"庚申卜，出贞，今岁龜不至兹商。"（河687）

这里"商"也是指商国。"龜"学者释"秋"。我以为这个字乃是象蝗虫的形状，是"螽"字的本字⑭。"今岁龜不至兹商"，是说今年蝗虫不来到商国，也就是不遭蝗灾。

卜辞：

"辛未卜，争贞，王于生七月入于商。"（前2.1.2）

"甲戌卜，㱿贞，今六月王入于商。"（前2.1.1）

“（缺），㱿貞，今生七月王入于商。”（续3.41）

“戊寅卜，㱿貞，王于生七月入于商。”（同上）

“辛巳卜，㱿貞，王于生七月入。”（同上）

“甲申卜，㱿貞，王于生八月入于商。”（同上）

“辛卯卜，㱿貞，今七月王入。”（續存361）

“癸巳卜，㱿貞，來乙巳王勿入于商。”（同上）

“（缺）王于生八月入于商。”（續3.4.4）

羅振玉说，商王田游所至曰往曰出，商独言入，商乃是指商都⑮。若此處之“商”是当時的殷都，应就是安阳的殷墟。但我覺得这是不是指殷墟的殷都，是可疑的。从日辰看，这些卜辞是相衔接的，所卜又同是一事，当是一时所卜。卜辞"生月"都是指下一个月，"生七月"是指下月七月，"生八月"是指下月八月。从这些卜辞看，这是殷王在六月开始卜问的。六月辛未、甲戌、戊寅、辛巳等日几次卜问何時入商，都说下月七月入商。到了七月甲申日卜问，又说下月八月入商。辛卯日卜问，又说本月七月入商。我们不能不怀疑，如此處之"商"是当時的殷都，则此時殷王必不在殷都而在另外一个地方。为什么殷王在外这样長久而不回都，回去还要卜问归期呢？这在事理上似有些难解。

卜辭又云：

"壬戌卜，我弗入商，我又出。"（粹1281）

这是卜问是否"入商"的，卜的结果是"弗入商"。如果商是当时的殷都，殷王为什么不入呢？这也很费解。我以为此处"商"必不是当时的殷都而是另一个地方。"弗入商"是说不前往"商"。

卜辞又云：

"庚戌卜，丙贞，王入于商，亡作𡆥。"（乙8346、合集7772）

"贞，王入于商，其㞢（有）作𡆥。"（合集7772）

"亡作𡆥"、"㞢作𡆥"是卜问有无突然而来的灾祸。殷王每出行，必卜有没有祸，这必也是卜外出的。这是殷王将要往"商"，卜途中有无不测之祸。由此也可知"商"不是当时殷都而是另一个地方。

卜辞又云：

“壬寅卜，王于商”（粹1069）

“（缺）至于商，若。”（京101）

“贞，不至于商．五月。”（前2.2.3）

这都卜往“商”的．这更可以看出“商”必不是当时的殷都而是别为一地。

卜辞言“入”者，除“商”以外，还有“大邑商”和“弃”。

“丁未卜，在　贞，王于丁入大邑商。”（通别．岩间大龟）

“丁酉卜，㱿贞，来乙巳，王入于[illegible]。”（合集7843．铁168.1）

“丁酉卜，㱿贞，来乙巳，王入于[illegible]。”（合集7844，续3.14）

“大邑商”很清楚是当时的殷都，“[illegible]”则虽不是安阳之殷都。所以言"入"者不以是当时的殷都。"⿵冂从"学者释"弇"。《说文》云："弇，盖也"。⿵冂从古文弇"。从字形看，此字释"弇"是对的。按"弇"与"奄"音义皆同，"弇"当就是"奄"字的本字。《竹书纪年》云："盘庚旬自奄迁于北蒙曰殷"⑯，是"弇"曾为商都。我疑卜辞言"入"者乃是以其地曾为商都者。殷王赴"商"不言往而言"入"，不是由于"商"是当时的王都，而是由于为往时的故都。

卜辞：

"在商"（8821）

"在自滴下"（河682）

此处"商"和"自滴"更非常明显是不当时的殷都而是另一个地方。

卜辞：

"貞，乎商囗。貞，勿乎商囗"(乙6300)

"囗"即《说文》之"囗"字。《说文》云："囗，回也，象回帀之形。"这乃是象城墙围绕之形。卜辞有"㞢囗"、"伊囗"、"雩囗"。

"貞曰，子商至于㞢囗，作火戋"(乙6692)

"勿曰：子商至于㞢囗，作火戋"(同上)

"貞，于乙亥(缺)伊囗人"(明續497)

"(缺)曰：其取伊囗人"(同上)

"甲申卜，賓貞，雩囗亡貝"(乙缀126)

"貞，雩囗其出貝"(同上)

"㞢""伊""雩"都是国邑名。"㞢囗"、"伊囗"、"雩囗"显是"㞢邑"、"伊邑"、"雩邑"。"商囗"自也是"商邑"。"乎商囗"、"勿乎商囗"当是说命令商邑，不命令商邑。这也可证"商"必别为一地。

卜辞有"商方"。

"叀商方步，立于乙大乙，𢦏羌方"（粹144）

于省吾说："叀商方步，言步于商方。步于商方即往商方，这又可知"商"是商都外的另一个地方。

卜辞又有"丘商"。

"（缺）方（缺）其丘商"（京津1224）

有人说"丘商"就是商丘。⑰我认为"丘商"，"白滳"，"商口"，"商方"，"商"即是一地。

"商"，"丘商""商口"在什么地方，有人认为"当是商丘一带"⑱。我们说古代记载中的商丘不是现在河南的商丘，卜辞的"

"丘商"、"商口"自也不是现在河南的商丘。从卜辞看，当去当时殷都，即现在河南安阳殷墟不远。

卜辞：

"壬午卜，自貞，王執多西御方于商"（缀合146，后下4.29）

"壬午卜，自貞，御方于商。"（缀合147，后下4.16）

"（缺）乙卜，王貞，于中商乎御方。"（缀合148、佚348，续存下312，零拾111）。

"御方"王国维谓是国名，即不嬰簋之"馭方"。现在仍有人信从此说。这实是不正确的。"御"义实就是抵御。"方"是国名，是卜辞习见的。"御方"是说方人入侵，抵御它。"乎御方于商"，是说命令在"商"抵御"方"。"于中商乎御方"，是说命令在"中商抵御"方"。由此可知"商"与"中商"即是一地。当时商王已是天下之共主，所以又自称为"中商"。由此推测，"中商"当就其故都所在之地。"方"是殷北方的敌国，"商"、"中商"与之相接，则其地不是远在今河南的商丘，而距安阳殷墟不远，可以想见。

卜辞二

"丙午卜，在商贞，今日王步于楽，亡𡿧"

（续3.28.8）

"己酉卜，在楽贞，今日王步于[illegible]，亡𡿧"（同上）

[illegible]是卜辞习见的，是殷王常去田猎的地方，去殷都必不甚远。丙午日从"商"到楽，己酉日

从桀到盟。从"商"到盟最多是两日路程。盟去殷都不远，则"商"去殷都更近。

铜器有商丘叔簠(19)，其人必封于商丘。汉代武帝时有御史大夫商丘成，是以商丘为氏。宋郑樵云："商丘复姓，春秋卫大夫食邑於此，因以为氏"(20)看来商丘成乃是商丘叔的后裔。卫大夫食邑於商丘，其地无疑亦在卫境内。

卜辞有云：

"辛丑卜，㱿贞，帚妌呼黍于丘商。"（合集9530）

"（缺）妌呼黍于丘商"，（同上9599）

妇妌能命令于丘商耕种，更可以推见，其地距洹滨之殷都相当近。

卜辞有"商水"，又作"滴水"。

"商水大（缺）"（续存下150）

"王涉商，射，又麑，禽。"（续3.44.3）

"（缺）涉商，至口射，又豕，禽。"（京津4470）

"王其省，涉商，亡巛，不雨。"（同上）

"（缺）王往征商，允鲁（鱼）"（佚693）

"叀滴𩵋（鱼）（缺）。"（续6.10.9）

"王其又于滴，在又𠂆，尞。"（宁沪1.123）

此处"商"、"滴"很明显都是水名。"鲁"、"𩵋"都是"鱼"字的别体。这是说往商水去捕鱼。"𠂆"是"岸"字的初字。"又𠂆"即右岸。"王其又于商，在又𠂆尞"，是说王祭祀商水，在右岸举行尞祭。我以为"商"、"丘商"、"商邑"、"商方"即在商水附近，由商水而得名。商水学者谓即是漳水[21]，甚是。商，商丘当即在漳水沿岸的地方。商契所封之地当即在州。

汤都亳在什么地方更是一个长期以来众说纷纭，难以确定的问题。自汉以来有人说在河南偃师，有人说在济阴薄县，有人说在梁国蒙城，有人说在梁国穀熟，有人说在关中杜县，有人说汤初居亳穀熟，后徙西亳偃。《尚书序》：“自契至于成汤八迁，汤始居亳，从先王居”，孔颖达疏云：

“郑玄云：亳今河南偃师县，今亳有汤亭。汉书音义臣瓒者云：汤居亳今济阴亳县是也，今亳有汤冢。……杜预云：梁国蒙县北有亳城，中有成汤冢。……皇甫谧云：……亳今梁国穀熟县是也”。

《史记、殷本纪、正义》云：

“梅亳偃师城也……汤即位居南亳，后徙西亳也”。

近代王国维从臣瓒说㉒，近時陈夢家从皇甫谧说㉓。岑仲勉又谓当是昭公九年《左傳》“肃慎燕亳吾北土也”之亳。即《皇览》所说“帝喾冢在東郡濮陽頓丘城南亳陰野中”之亳，在今河北省清丰縣西南㉔。近年考古发掘，在河南偃师发现殷文化遗址，发现有房屋建築。学者又有谓偃师为汤都之亳。

过去研究汤都亳者大多都在偃师、穀熟和山阳之薄等说上兜圈子。这几种说法古時就有人怀疑或反对。如孔穎達说：“诸说不同，未知孰是”㉕。颜师古说：“瓒说非也。”又如皇甫谧云汤都在穀熟，事並不經”㉖。岑仲勉说亳即頓丘城南亳陰野中之亳也不可信。他

1103006855
20×15＝300　　安徽师范大学教务处稿纸

的论据就是错的。《皇览》这句话《史记·五帝本纪·集解》及《水经注·淇水》引，"亳阴"都作"臺阴"，《白虎通》也说帝喾冢在顿丘城南臺阴野。"亳"实是"臺"字，岑氏认错了。据此以论亳的地望，自然也是错的。

现在考古学者谓偃师二里头为汤都亳之所在。在目前论，这还是很难确定的。现在二里头出土的文物还不能直接证明其地就是汤都，即便它是商代的文化遗址。从记载上看，汤都偃师是不可能的。《史记·周本纪》云："自洛汭延于伊汭，居易毋固，其有夏之居"。伊洛之间乃是夏人的土地，偃师正是在伊洛之间，是在夏的境内，商汤焉能在这里建都呢？！《史记·夏本纪·正义》云："汲冢古文云：太康居斟寻，羿亦居之，桀又居之。尚书云：太康失邦，兄弟五人须于洛汭，此即太康居之为近洛也。又吴起对魏武侯曰：夏桀之居，左河右济，太华伊阙在其南，羊肠在其北。又周书度邑篇，武王问太公，吾将因有夏之居。即河南也。《括地志》云：故鄩城在洛州巩县西南五十八里，盖桀所居也。知夏桀都巩县西南五十八里之鄩城，密迩偃师。汤何能在迫近桀都之处建都呢？这是理所必无的。

对于这个问题，我觉得单从古人对经史的注释中寻求，是不容易得到结果的。我们应该从先秦的记载和卜辞中探索。先秦距殷较近，当时人对殷代的记载总比较可信一些。甲骨卜辞是殷代人自己的记载，更是可靠的了。卜辞有亳，亳的地望应该从这些卜辞结合先秦记载推考。

《吕氏春秋·慎势篇》："汤其无郼，武其无岐，贤虽十全，不能成功。"《高义篇》："郼岐之广也，万国之顺也。"这都说汤兴起之地是郼，郼就是殷。由此可知汤的居地是殷，亳也必在殷的范围之内。《吕氏春秋·具备篇》："汤尝约于郼薄矣，武王尝穷于毕程矣。"这更明白可知亳必是在殷境内。

卜辞：

"（缺）商，贞，（缺）于亳，亡𢀛"。（后上9.12）

"甲寅王卜，在亳，贞，今日步于鸿，亡𢀛。"（同上）

"乙卯王卜，在鸿，贞，今日步于𠭰，亡𢀛。"（前2.9.6）

第一条卜辞残缺，全辞当为"癸丑王卜，在商，貞，今日步于亳，亡州。从这几条卜辞看，亳距离商只有一日的路程，距离敏也只有两日的路程。商在漳水附近，亳当也在此地区之内。敏是殷王常去田猎的地方，去殷都必不甚远，亳去敏犹有两日的路程，则亳距殷都必更近。卜辞：

"戊寅，王兽（狩）亳，鱼，禽。"（前1.29.11）

亳也是殷王去田猎的地方，这也足以推知去殷都不远。殷王往亳田猎捕鱼，其地必滨水，可能也就在滴水沿岸。

《孟子．滕文公章下》："汤居亳，与葛为邻。"旧时学者都以汉代陈留郡宁陵县之葛乡为葛伯国。据此以考证亳的地望。如皇甫谧据此谓亳为谷熟之南亳。近代王国维③据此以证亳为汉代山阳郡之薄县。按谓宁陵之葛乡为古葛伯国始于孟康。《汉书·地理志》宁陵孟康注云："故葛伯国，今葛乡是也。"是后司马彪、杜预、皇甫谧等都信从此说。司马彪把它写入《郡国志》云："宁陵有葛乡，故葛伯国。"梁裴駰更把这句话说成是《汉书·地理志》的话。《史记·殷本纪·集解》云："駰案孟子曰：汤居亳，与葛为邻。地理志曰：葛今宁陵之葛乡。"孟康之说何所根据，不得而知。是否他只见到当时宁陵有葛乡而附会的呢？这也未始不可能。总之孟康之说论据是不充分的，以之作为论据是无力的。我们说亳在漳水附近，去宁陵甚远，亦不与之相接，孟子所说的葛国亦不在宁陵的葛乡。按《郡国志》魏郡斥丘县有葛。《元和郡县志》云："斥丘故城在成安县南三十里。"今成安县在河北省漳水之北，距河南安陽不远。这与在漳水之上的亳正相近。与亳为隣之葛是否就是这个葛呢?! 假如我这种看法不错，反过来，也可以证明亳当在漳水附近。

这里我想再谈一谈盤庚遷都和安陽的殷墟。关于盤庚遷都旧也有幾种说法。一说遷亳。《史记．殷本纪》：“盤庚之時，殷已都河北，盤庚渡河南，復成湯之故居……乃遂涉河南治亳。”一说遷殷。《尚书．盤庚上》：“盤庚遷于殷，民不適有居。”《竹书纪年》：“盤庚旬遷于北蒙曰殷。”(27) 一说遷于亳之殷地。《史记．殷本纪．集解》引郑玄云：“治於亳之殷地，商家自此徙而改号曰殷亳。”自从《竹书纪年》出土以后，晋唐学者多据此谓盤庚所遷即安陽之殷墟。近代考古发掘，在安陽洹水南岸之小屯村发现大量文化遗物和都城遗址

1103006855
20×15=300
安徽师范大学教务处稿纸

。王国維根据《竹書紀年》謂即盤庚所遷之殷。自是以來，學者無异議。

洹水南岸的殷墟為盤庚的都城，同時就有人有不同的意見。《尚书·盤庚·疏》云："若洹水南岸有殷墟，或為餘王居之，非盤庚也"。這里我們覺得确有不能不使人怀疑的地方。即殷墟發掘，只見有武丁以后的甲骨卜辞，盤庚、小辛及小乙三代的甲骨卜辞則未发現。不仅盤庚、小辛、小乙三代的甲骨卜辞没有发現，这三代的墓葬也未发現。如洹水南岸的殷墟是盤庚所建的都城，為什么不見这三代的遺物呢？这不很費解吗？

我也以為安陽的殷墟不是盤庚所遷居的都城，这乃是武丁新建的。

文献记載，在盤庚以后，有武丁遷都，庚

丁遷都，武乙遷都和帝乙遷都。

《国语·楚语》："昔武丁能聳其德，至於神明，以入於河，自河入亳，於是乎三年默以思道。"韋昭云："遷于河内，从河内往都亳。"

《括地志》："紂都朝歌，在衛州東北七十三里，朝歌故城是也。本沫邑，殷王武丁始居之。"(28) ~~《史记、周本纪》云：《括~~

《水經注·淇水》："其水南流，東歷朝歌城南。晋书地道記曰：本沫邑也。詩云：爰采唐矣，沫之鄉矣。殷王武丁始遷居之，為殷都也。"

《史記·三代世表》："帝庚丁，廪辛弟，殷徙河北。"

1103006855
20×15=300
安徽师范大学教务处稿纸

《史记、殷本纪》："庚丁崩，子帝武乙立，殷復去亳徙河北。"

《帝王世纪》："帝乙復济河北，徙朝歌，其子纣仍都焉。"[29]

《帝王世纪》："帝武乙復济河北，徙朝歌。"[30]

按《竹书纪年》云："自盘庚迁殷至纣之灭，七百七十三年更不迁都。"近代考古发掘，证明自武丁至纣确实一直是在安阳殷墟，没有迁都。所以，说庚丁、武乙、帝乙迁都，必定是错误的。我以为这乃是一事之误传，即由武丁迁都误传的。《晋书地道记》和《括地志》都谓武丁迁于朝歌，而《帝王世纪》谓帝乙迁都，也是迁于朝歌，

1103006855
20×15=300
安徽师范大学教务处稿纸

很明显这二者必即是一事。《三代世表》，《殷本纪》及《帝王世纪》说庚丁、武乙、帝乙迁都，也都说迁于河北，可见这也必是一事。尤其《殷本纪·正义》和《太平御览》同引《帝王世纪》，一说武乙济河北徙朝歌，一说帝乙济河北徙朝歌，更显然必是傳写之误。这必由武丁迁都误傳為庚丁和武乙，由武乙又误傳為帝乙。

卜辞有武丁卜作邑者：

"庚申卜，丙貞，王作邑，帝若，八月。"（丙86）（乙缀61）

"貞，王作邑，帝若。八月。"（同上）

"乙卯卜，争貞，王作邑，帝若。王从之唐。"（乙缀96）

"（缺）王作邑，帝若。"（后下16.17）

"（缺）卜，争貞，王作邑，帝若"（續6.13.12）

《詩、文王有声》："既伐于崇，作邑于豐"。鄭玄云："作邑者徙都于豐"。武丁作邑，必也是遷都。卜辭又云：

"戊申卜，亘貞，勿作大邑于（缺）"（金690）

"庚申貞，争貞，作大口"。（粹172）。

这也是武丁時卜辭。"口"字郭沫若釋"丁"，"大口"是太丁，不可通。日本學者島邦男釋"邑"，而旁加一？号（31）。这是釋"邑"而不能肯定。这实即《说文》之"口"字，是象城墙环绕之形。"作大口"也即是作大城。《尚书·康诰》："周公初基，作新大邑于東國雒"。《尚书·召诰》："王來紹上帝，自服于土中。旦曰：其作大邑，其自時配皇天。《尚书·多士》："今朕作大邑於兹雒。"周公作成周謂作大邑，武丁作大邑、大口，也必是作都城。安陽之殷都為武丁所新建，必无可疑。

安陽的殷都是武丁新建的，不是盤庚所遷，那么盤庚所遷是在何处呢？

我們前面說，盤庚遷都旧有三种說法：一謂亳，一謂殷，一謂亳殷。这三种說法看來是矛盾的，其实他們的根據是相同的，只是对古书的句讀不同，產生不同的解釋。《尚书·盤庚序》："盤庚五遷，將治亳殷，民咨胥怨。"旧時說經者都"將治亳殷"斷句。这样的讀，"亳殷"二字怎样解釋就发生問題了。鄭玄解釋為亳之殷地。《偽孔傳》謂殷是"亳之别名"。晋束晳謂"將治亳殷"孔子壁中《尚书》作"

1102006855
20×15=300
安徽师范大学教务处稿纸

将始宅殷”。他又根据《竹书纪年》谓盘庚遷都就是安阳洹水南岸的殷墟。来看这种解釋是很牵强的。“将始宅殷”，这句话就不太好讲。“将”与“始”都是表時间的，这只要说“将宅殷”即可，加“始”字便赘了。我以为这句话不能“将治亳殷”句读，而应该“将治亳”断句，殷字属下讀。“盘庚五遷，将治亳，殷民咨胥怨”，这样，使文从字顺。《史记·殷本纪》：“盘庚之時，殷已都河北，盘庚渡河南，復居成汤之故居，迺五遷无定处，殷民咨胥皆怨，不欲徙。”这显也是据《盘庚序》的，这里正以“殷民咨胥皆怨”为句，足证“殷”字必属下读。司马遷这样句讀，所以他说盘庚遷亳。

《尚书·盘庚》云：“盘庚遷殷”。《竹书纪年》云：“盘庚由奄遷于殷”。盘庚遷都是迁到殷，乃无可疑。《尚书序》和《史记·殷本纪》又谓迁亳，这可能是如郑玄所说"迁于亳之殷地"。卜辞有亳，这个亳我们说是在漳水附近的地方。前举《国语·楚语》武丁迁都也是亳。又《墨子·非攻下》："逮乎商王纣，天不序其德，祀用失时，兼夜中，十日雨土于薄"，是安阳洹水南岸的殷都也称亳。由此看来，亳不只是一地之称。我想可能是这样：当时洹水南岸的地方也在亳的境内。换句话说，卜辞之亳是一个地方的名称，盘庚治亳，武丁迁亳，亳是地区的名称。如这样解释不误，则上述的矛盾便可解释而无抵牾。盘庚迁殷是迁于亳境内之殷。所以可以说迁殷，也可以说迁亳，也可以说迁于亳之殷地。殷既在亳境内，其地方也去安阳之殷墟不远。我疑殷就是朝歌殷又是商的国号。商改国号为殷，旧都以为是由于盘庚迁殷。如《史记·殷本纪》盘庚治亳，《集解》云：“郑玄曰：治於亳之殷地，商家自此徙改号曰殷。”皇甫谧《帝王世纪》云：“商盘庚徙都殷，始改商曰殷㉜。《尚书·盘庚中》、《西伯戡黎》及《微子》都称殷，似商未亡之前确已改国号为殷。但甲骨卜辞，商人都自称商或大邑商，没有称殷者。是终商之世，商国号实没有更改。《盘庚》等篇称殷，不能不令人怀疑。这几篇疑都是后人追记，不是商人的记载。这从《盘庚中》可以窥见。《盘庚中》云：“盘庚作，惟涉河以民迁。”又云：“予将试以汝迁。”是《盘庚中》所记是盘庚即将迁徙时事。《盘庚中》云：殷降大虐，先

又《史记·殷本纪》、索隐云：契始封商，其后裔盘庚迁殷，殷在邺南，遂为天下号。

王不怀，厥攸作，视民利用迁。"伪孔《传》云：我殷家于天降大灾，则先王不思故居而徙。"此处之"殷"虽是指盘庚以前的商国。此时盘庚尚未迁殷，怎么就能称商为殷呢？足见这只是以后的记述。终商之世，国号未改，谓盘庚迁后改国为殷，显是错的。

然则殷之国号何由而来呢？有人说这是由于周人对商人的敌忾。这只是一种揣测。我以为这乃是因朝歌为殷而来。商人自称为商或大邑商。周人初也称它为商或大邑商。如《尚书·牧誓》："时甲子昧爽，王朝至于商郊牧野"，"以奸宄于商邑"。《利簋》："武王征商"。《康侯簋》："王朿伐商邑"。《诗·大明》："保右命尔，燮伐大商"。"凉彼武王，肆伐大商"。周人称商为殷，最早见于《尚书·大诰》、

《康诰》、《酒诰》、《梓材》、《雒诰》、《多士》、《无逸》、《多方》等篇。这些篇都是周公、成王時的训诰之文。周人称商为殷当就在这時候改变的。为什么这時候改称商为殷呢？这里改称商为殷，最早的是《大诰》。《大诰》云："殷小腆，诞敢纪其叙。"；"于伐殷逋播臣"。《大诰》是武庚禄父与管叔、蔡叔畔周，周公出兵讨伐時告诸侯及臣僚之辞。周武王灭商，分商畿内之地为三国，封纣子武庚續商后，都朝歌。此時商已灭亡，武庚的封地仅朝歌及其附近之地，已不是过去商国的全境。《大诰》不称武庚的封国为商，而称它为殷，必定是因为武庚的封地为殷，殷是武庚封地之名。周灭武庚以后，以其地封康叔。定公四年《左傳》云："命以康叔而封於殷虚"，杜预云：

"殷虚朝歌也。"这也足证朝歌原名殷。又《吕氏春秋·慎大篇》云："武王胜殷，命周公进殷之遗老而问殷之亡故，又问众之所说，民之所欲。殷之遗老对曰：欲復盘庚之政。武王於是復盘庚之政。"《史记·殷本纪》云：周武王灭纣，"封纣子武庚禄父以续殷祀，令修盘庚之政。"殷之君王非盘庚独贤，殷之政教亦非盘庚独善，为什么殷之遗老不言他王，而独欲復盘庚之政呢？这必是盘庚曾都於此，其政教曾行於此，故老相传，犹能闻其遗风，以殷之遗老能言之。

《国语·楚语》云："昔武丁能聳其德，至於神明，以入於河，自河徂亳。"韦昭云："遷于河内，从河内往亳。"《晋书·地道记》和《括地志》都谓朝歌"武丁始居之"。据此，武丁曾在朝歌居住过。可能武丁即位時是在朝歌，后又在洹水南岸營建殷都。又《竹书紀年》云："自盤庚徙殷，至紂之滅，二百七十三年更不徙都。紂時稍大其邑，南距朝歌，北及沙丘，皆為离宮别館"[33]。紂時擴大洹水南岸的殷都，在朝歌作离宫别館，紂又滅于朝歌，这当也是因為朝歌是旧都，紂復加修建，而居其地之故。

《晋书地道記》和《括地志》都謂朝歌本沬邑。《詩、鄘風、桑中》："爰采唐矣，沬之鄉矣。"鄭玄云："於何采唐必沬之鄉？猶言欲為淫者必之衛都。"这也謂朝歌為沬。又《尚书、酒誥》云："明大命于妹邦"，这更直接称殷為"妹"了。《竹书紀年》云："盤庚旬自奄遷于北蒙曰殷"[34]。蒙与沬、妹声相同，沬

1103006855
20×15＝300
安徽师范大学教务处稿纸

、妹与就是北蒙。

盤庚遷殷是从何处遷来的？这经傳都没有明确的记載。《史记·殷本纪》云："盤庚之時，殷已都河北，……盤庚渡河復居成湯之故居"，从河北什么地方遷徙的没有说明。《盤庚》云："不常厥邑，于今五邦"，也没有说是哪五邦。马融说："五邦谓商丘、亳、嚣、相、耿也。"僞孔《傳》云："湯遷亳，仲丁遷嚣，河亶甲遷相，祖乙遷耿，我往居亳，凡五遷国都"。这是解释，不是记載。对于盤庚遷都有明确记載者只有《竹书纪年》。《竹书纪年》谓："盤庚旬自奄遷于殷"。我们在前面曾说卜辞有地名"[illegible]"，"[illegible]"就是"弇"字，"弇"与"奄"古通用。"奄"字也就是"弇"。卜辞殷王外出所至都言往言至，惟大邑商、商及弇言入。大邑商言入，是因为它是当时的都城，商言入，则是因它的旧都。奄与大邑商和商一样也言入，以奄也曾为殷都。《竹书纪年》的记载应是正确的。

奄之地望也无定说。《说文》云："䣍、鲁也"。服虔云："商奄、鲁也"(35)。王国维谓即襄公二十五年《左傳》之"奄中"(36)。郑玄云："奄国在淮夷北"。按卜辞有云：

"贞，奄受年"（库方308）

"贞，奄亡𡆥"（簠杂94）

从这两条卜辞看，奄应在殷王势力直接统治的地方，也即是"畿内"之地，不能远至曲阜。卜辞又云：

"贞、奄来嬉"（合123页）

卜辞"来嬉"都是殷边境或侯甸方国派来的，如：

"貞，有來嬄自西"（乙6378）

"貞，亡來嬄自南"。（铁1781）

"癸酉卜貞，其自東有來嬄"（甲2.123）

"……丁酉，允有來嬄自西，沚戓告土方征于我東鄙，𢦏二邑，𢀛方亦牧我西鄙田"。（菁6）

这也是以证弇是在殷王直接统治的疆域之内。但它究竟在什么地方还是难以确指。

总起来说，商亳应该都在漳水附近的地方。盘庚迁殷，殷应即是朝歌，不是安阳洹水南岸的殷墟。安阳洹水南岸的殷都乃是武丁新建的，其地也密近漳水。商是契的封地，亳是帝喾和汤的居地，帝喾至汤，商人主要的活动地区，也都是它的兴起之地，应是在漳水流域。

商、亳是在漳水流域，然则在漳水流域的

哪个地方呢？这似还可以进一步研究。过去对于漳水的记载相当纷歧。《汉书·地理志》谓浊漳水出上党长子县鹿谷山，"东至邺入清漳水。"清漳水出上党沾县大黾谷，"东北至阜成入大河。"《水经》谓漳水至阜城昌亭流入滹沱河。而现在漳水则至大名流入卫河。这是因为今河北省中南部一带平原地区古代水患多，河流多次移徙改道，以致水道紊乱。这些记载都只是各就当时的情况记述的。我们考察夏商时代的漳河，不能以此为依据。古代涉及漳水的记载，最早的是《尚书·禹贡》。《禹贡》云"覃怀底绩，至于衡漳。"夏商时代漳水的情况只能由此推考。衡漳，伪《孔传》云："漳水横流入河也。"《汉书·地理志》师古注云："衡漳谓漳水横流入河也。"据此，漳水最早是在衡漳”这个地方流入大河的。《水经》：“漳水又东北过斥漳县南。”《注》云：“漳津故渎水断旧溪东北出，涓流濂注而已，《尚书》所谓覃怀底绩，至于衡漳者也。”又《汉书·地理志》广平国斥章应劭注云：“漳水出治北入河。”是《禹贡》之漳水是在汉代斥章境内流入大河。斥章是在今河北省广平县。据此，夏商时代漳水是在今河北省广平县境流入大河的。在周定王五年（公元前602年）河未徙以前，是北流入钜鹿北之大陆泽，然后流至碣石入海，流经过斥章一带，所以漳水在此流入河。

夏商时代漳水是在今河北省广平县境边流入河，则漳水应以到此为止。换句话说，只有这以上的河流才是漳水。照这样说，漳水下游两岸之地只是现在，（临漳、河北的磁

1103006855　20×15=300　安徽师范大学教务处稿纸

縣，成安，肥鄉、廣平、永年等地。商、亳应在这个地区之内。

1979年10月5日草于芜湖赭山
1986年6月17日修改。

注

①② 《史記·殷本纪·集解》引

③ 如宋王应麟《诗地理考》，清孙星衍《尚书今古文注疏》等都主此说。

④ 《説商》《观堂集林》卷12

⑤ 見《汉书·地理志》

⑥ 見《诗商頌譜》

⑦ 見《郡国志》

⑧ 《史記·郑世家·集解》引

⑨ 《太平御覽》155引

⑩《黄河变迁史》

⑪罗振玉《殷虚书契考釋》

⑫《安阳发掘报告》第4期658頁

⑬陈梦家：《卜辞综述》第257頁

⑭详拙作《釋遘》，未发表。

⑮罗振玉：《殷虚书契考釋》

⑯《太平御览》83引

⑰⑱陈梦家：《卜辞综述》第257頁

⑲《三代吉金文存》卷10

⑳《通志·氏族略》

㉑葛毅卿：《说滴》《历史语言研究所集刊》第7册第4分册。

㉒《说亳》《观堂集林》卷12

㉓陈梦家：《卜辞综述》第257頁

㉔《黄河变迁史》第161頁

㉕ 《尚书序疏》

㉖ 《汉书·地理志·注》

㉗ 《太平御览》83引

㉘ 《史记·周本纪·正义》引

㉙ 《史记·周本纪·正义》引

㉚ 《太平御览》82引

㉛ 《殷墟卜辞综类》第43页

㉜ 《太平御览》83引

㉝ 《史记·殷本纪·正义》引

㉞ 《水经洹水注》、《太平御览83》引作北蒙，《史记·殷本纪·正义》，《史记·项羽本纪·索隐》引作北冢，盖蒙冢形近致误。

㉟ 昭公九年《左传·疏》引

㊱ 《北伯鼎跋》《观堂集》卷18

# 殷代已有宜忌日

在武乙、文武丁時代的卜辭里有一种現象，殷王田猎多在乙、丁、戊、辛、壬幾日。

(1) “戊申…貞，王其田，亡𢦏。”（綴177）

“壬子卜貞，王其田，亡𢦏。”（同上）

“戊午卜貞，王其田，亡𢦏。”（同上）

“…酉卜貞，王其田，亡𢦏。”（同上）

“壬申卜貞，王其田，亡𢦏。”（同上）

“乙亥卜貞，王其田，亡𢦏。”（同上）

“戊子卜貞，王其田，亡𢦏。”（同上）

(2) “壬…貞，王…田，亡𢦏。”（綴178）

“乙酉卜貞，王其田，亡𢦏。”（同上）

“戊子卜貞，王其田，亡𢦏。”（同上）

“辛…貞，…田…”（同上）

“乙未卜貞，王其田，亡𢦏。”（同上）

(3) “戊寅…貞，王其田，亡𢦏。在凡。”（粹960）

“辛巳卜貞，王其田，亡𢦏，在突。”（

同上）

“甲申卜貞，王其田，亡𢦏？”（同上）

“丁亥卜貞，王其田，亡𢦏？”（同上）

(4) “乙亥卜貞，王其田，亡𢦏？”（續6.7.5）

“戊寅卜貞，王其田，亡𢦏？”（同上）

“辛巳卜貞，王其田，亡𢦏？”（同上）

(5) “戊申卜貞，王其……，亡𢦏？”（鄴3.38.3）

“辛亥卜貞，王其田，亡𢦏？”（同上）

“壬子卜貞，王其田，亡𢦏？”（同上）

“乙卯卜貞，王其田，亡𢦏？”（同上）

“戊午卜貞，王其田，亡𢦏？”（同上）

(6) “戊戌……貞，王……田，亡𢦏？”（寧2.112）

“壬寅卜貞，王其田，亡𢦏？”（同上）

“乙巳卜貞，王其田，亡𢦏？”（同上）

(7) “戊辰卜貞，王其田，亡𢦏？”（合24489）

“壬申卜貞，王其田，亡𢦏？”（同上）

“乙亥卜貞，王其田，亡𢦏？”（同上）

“辛巳卜貞，王其田，亡𢦏？”（同上）

“……午卜貞，王其田，亡𢦏？”（同上）

(8) “乙亥卜貞，王其田，亡𢦏？”（人2488）

20×20＝400　安徽师范大学教务处稿纸

“戊寅卜貞，王其田，亡𢦏？”（同上）
“壬子卜貞，王其田，亡𢦏？”（同上）
(9) “乙未卜貞，……”（师友2.211）
“戊戌卜貞，王其田，亡𢦏？”（同上）
“壬寅卜貞，王其田，亡𢦏？”（同上）
(10) “丁酉…貞，王…盂，亡𢦏？”（粹973）
“戊子卜貞，王其田喪，亡𢦏？”（同上）
“辛卯卜貞，王其田盂，亡𢦏？”（同上）
“壬辰卜貞，王其田向，亡𢦏？”（同上）
(11) “辛巳…貞，王其田向，亡𢦏？”（粹975）
“壬午卜貞，王其田盂，亡𢦏？”（同上）
“乙酉卜貞，王其田向，亡𢦏？”（同上）
“戊子卜貞，王其田[illegible]，亡𢦏？”（同上）
“辛卯卜貞，王其田盂，亡𢦏？”（同上）
“壬辰卜貞，王其田向，亡𢦏？”（同上）
“乙未卜貞，王其田盂，亡𢦏？”（同上）
(12) “壬戌卜貞，……梌，亡𢦏？”（粹977）
“…丑卜貞，王其田牢，亡𢦏？”（同上）
“辛未卜貞，王其田向，亡𢦏？”（同上）
(13) “戊寅…貞，王……梌，亡𢦏？”（粹978）

20×20=400 安徽师范大学教务处稿纸

“辛巳卜貞，王其田盥，亡𢦏。”（同上）
“…午卜貞，王其田………”（同上）
(14) “壬午…貞，王…其盂，亡𢦏。”（粹979）
“乙酉卜貞，王其田梌，亡𢦏。”（同上）
“戊子卜貞，王其田斿，亡𢦏。”（同上）
“辛卯卜貞，王其田[illegible]，亡𢦏。”（同上）
“…卜貞，王其田…，亡𢦏。”（同上）
(15) “辛亥卜貞，王其田盂，亡𢦏。”（粹983）
“壬子卜貞，王其田向，亡𢦏。”（同上）
“乙卯卜貞，王其田[illegible]，亡𢦏。”（同上）
(16) “乙未卜…，王…田盥，…𢦏。”（后上13.13）
“戊戌卜貞，王其田斿，亡𢦏。”（同上）
“辛丑卜貞，王其田[illegible]，亡𢦏。”（同上）
(17) “乙…貞，…斿。”（鄴1.33.1，佚存971）
“戊子卜貞，王其田[illegible]，亡𢦏。”（同上）
“辛卯卜貞，王其田向，亡𢦏。”（同上）
“壬辰卜貞，王其田盥，亡𢦏。”（同上）
“乙未卜貞，王其田……𢦏。”（同上）
(18) “壬寅…貞，…田盂…[illegible]…”（掇1.460，京4421，寧1.373）

“乙巳卜貞，王其田，亡𢦏？”（同上）
“戊申卜貞，王其田牢，亡𢦏？”（同上）
“辛亥卜貞，王其田盂，亡𢦏？”（同上）
“壬子卜貞，王其田向，亡𢦏？”（同上）
“乙卯卜貞，王其田疐，亡𢦏？”（同上）
“戊午卜貞，王其田向，亡𢦏？”（同上）
(19) “戊戌卜貞，王其田盂，亡𢦏？”（綴174）
“辛丑卜貞，王其田盂，亡𢦏？”（同上）
“壬寅卜貞，王其田向，亡𢦏？”（同上）
“乙巳卜貞，王其田籔，亡𢦏？”（同上）
“戊申卜貞，王其田盂，亡𢦏？”（同上）
(20) “戊寅……貞，王……田…………”（人2505）
“辛巳卜貞，王其田佫，亡𢦏？”（同上）
“壬午卜貞，王其田宮，亡𢦏？”（同上）
“戊子卜貞，王其田疐，亡𢦏？”（同上）
(21) “乙亥卜貞，王其田疐，亡𢦏？”（同上）
“丁丑卜貞，王其田疐，亡𢦏？”（同上）
“戊寅卜貞，王其田阴，亡𢦏？”（同上）
“辛巳卜貞，王其田宮，亡𢦏？”（同上）
“壬午卜貞，王其田……”（同上）

这里所列举的都是在同一版上有三条以上卜辞的。其只有一条或两条的没有列举。因为同一版有三条以上的卜辞，可以更容易看出殷王在哪几天田猎，哪几天没有田猎。只有一条或两条卜辞，这种情况就看不出。这里举了九十二条卜辞，也就是九十二次田猎。这里甲日出猎的只有一次，丁日出猎的只有三次，其余八十八次都是在乙、戊、辛、壬四日，而丙、己、庚、癸四日则从不见。从日干看，这里有七个戊子日。两个月一个戊子日，七个戊子日为时已在一年以上。假定这九十二次田猎是一个王时的，则殷王在这年之内田猎都在乙、戊、辛、壬四日。殷王田猎，一年之日都选择乙、戊、辛、壬四日，这决不是偶然的。丙、己、庚、癸四日不田猎，也决不是无意的。我们推测，当时可能已有宜忌日。乙、戊、辛、壬四日是宜田猎的日子，丙、己、庚、癸是不宜田猎的日子。

这是武乙和文武丁时的情况，以前似还不如此。

20×20=400
安徽师范大学教务处稿纸

“甲寅卜，行貞，王其田，亡巛。才十二月，才自𦎫。”(佚271)

“丙申卜，行貞，王其田，亡巛，才[illegible]。”(后上11.2)

“庚午卜，出貞，王其田，亡…。”(七P95，综类P289)

“庚寅卜，尹貞，…其田于[illegible]，亡巛，才一月。”(后上13.1)

“甲子卜，犾貞，王其田，亡巛。”(甲3915)

“乙巳卜，犾貞，王其田，不冓雨。”(甲3914)

“庚午卜，犾貞，王其田于東，亡巛。”(同上)

前四條是祖庚和祖甲時的卜辭，后三條是廪辛和康丁時的卜辭。从祖康丁以前，宜忌日似还没有严格的分别。

(22) “壬辰…貞，王…田，亡𡿧。”(粹965)

“丁酉卜貞，王其田，亡𡿧。”(同上)

“戊戌卜貞，王其田，亡𡿧。”(同上)

“壬寅卜貞，王其田，亡𡿧。”(同上)

8

“乙巳卜貞，王其田，亡𢦏。”（同上）
“戊申卜貞，王其田，亡𢦏。”（同上）
(23) “戊午卜貞，王其田，亡𢦏。”（京5302）
“……卜貞，王其田，亡𢦏。”（同上）
“壬戌卜貞，王其田，亡𢦏。”（同上）
(24) “壬午……貞，王……田，亡𢦏。”（人2507，綜類P293）
“乙酉卜貞，王其田，亡𢦏。”（同上）
“戊子卜貞，王其田，亡𢦏。”（同上）
“辛卯卜貞，王其田，亡𢦏。”（同上）
“壬辰卜貞，王其田，亡𢦏。”（同上）
“乙未卜貞，王其田，亡𢦏。”（同上）
(25) “戊戌卜貞，王田，往來亡𢦏。”（佚987）
“壬申卜貞，王田，往來亡𢦏。”（同上）
“壬午卜貞，王田，……來……。”（同上）
“壬寅卜……，……田，……亡𢦏。”（同上）
(26) “壬辰卜貞，王田噩，往來亡𢦏。”（前2.27.8）
“戊申卜貞，王田書，往來亡𢦏。”（同上）
“壬子卜貞，王田雚，往來亡𢦏。”（同上）

20×20－400.　　安徽师范大学教务处编制

"丁卯卜貞，王田天，往來亡災。"（同上）

(27)"壬子……，王田……，……亡災。"（前2.30.2）

"戊午卜……，王田……往……。"（同上）

"壬……、王……。"（同上）

"丁卯卜貞，王田𡆥，往來亡災。"（同上）

"辛未卜貞，王田書，往來亡災。"（同上）

"乙亥卜貞，王田宫，往來亡災。"（同上）

(28)"辛酉……王田……，往來亡災。"（前3.26.1）

"丁巳卜貞，王田王，往來亡災。"（同上）

"辛酉卜……王田……往來……災。"（同上）

(29)"……卜貞，……書，……來……災。"（前2.31.1）

"丁未……，王田……，……來……。"（同上）

"……卜貞，……，往來……。"（同上）

"甲寅……，王田……，往……災。"（同上）

(30)"戊寅卜……，王田書，往……亡災。"（前2.33.1）

"辛卯卜貞，王田書，往來亡災。"（同上）

20×20—400 安徽师范大学教务处稿纸

“……卜貞，……梌，往…亡𡿧。”（同上）

“丁未卜貞，王田噩，往———。”（同上）

(31) “壬辰…貞，王…宮，往…亡𡿧。”（前2.35.6）

“戊戌卜貞，王田雞，往來亡𡿧。”（同上）

“辛丑卜貞，王田于噩，往來亡𡿧。~~（同上）~~弘吉。”（同上）

“壬寅卜貞，王田雞，往來亡𡿧。”（同上）

(32) “壬申卜貞，王田奚，往來亡𡿧。王占曰吉，隻兕十三。”（前2.43.3）

“丁亥卜貞，王田𦎫，往來亡𡿧。”（同上）

“戊子卜貞，王田𦎫，往來亡𡿧。”（同上）

“…卯卜貞，王田噩，往來亡𡿧。”（同上）

(33) “辛巳卜貞，王田曹，往來亡𡿧。”（前2.42.4）

“戊子卜貞，王田𦎫，往來亡𡿧。”（同上）

“辛卯卜貞，王田噩，往來亡𡿧。”（同上）

(34) “壬辰……，王……，往……。”（前2.42.2）

“丁酉卜貞，王田稟，往來亡𡿧。”（同上）

(35) “丁卯……其田于…，來…。”（前2.43.3）

“戊辰王卜貞，田率，往來亡災，隻試匕。”（同上）

(36)“丁巳卜……，其田……往……亡……。”（前2.43.4）

“戊辰卜貞，王田于率，往來亡災，隻試匕。”（同上）

(37)“戊申卜貞，……于雝……。”（金452，綜類P296）

“辛亥卜貞，王田宮，往來亡災，弘吉。”（同上）

“壬子卜貞，王田雝，往來亡災，弘吉。”（同上）

“戊午卜貞，王田雝，往來亡災，吉。”（同上）

“壬戌卜貞，王田宮，往來亡災，吉。”（同上）

“壬午卜貞，王田高，往來亡災。”（同上）

“丁亥卜貞，王田雝，往來亡災。”（同上）

(38)“辛酉卜貞，王田……，往來一災。”（金549，綜類P259）

戊寅……王田……來……。(同上)

戊戌……王田……來……。(同上)

辛亥卜貞，王田喜，往來亡𡿧。(同上)

辛酉卜貞，王田[illegible]，往來亡𡿧。(同上)

壬戌卜貞，王田雞，往來亡𡿧。(同上)

辛巳卜貞，王田梌，往來亡𡿧。(同上)

戊子卜貞，王田疐，往來亡𡿧。(同上)

壬辰卜貞，王田亳，往來亡𡿧。(同上)

(39) 戊戌……田疐……亡𡿧。(珠12)

壬寅……田疐……亡𡿧。(同上)

丁巳卜貞，王田遠，往來亡𡿧。(同上)

辛酉卜貞，王田遠，往來亡𡿧。(同上)

(40) 壬戌卜貞，王田……，往來亡𡿧。(后上15.1)

丁卯卜貞，王田疐，往來亡𡿧。(同上)

壬申卜貞，田疐，……來亡𡿧。(同上)

(41) 戊戌卜貞，王田疐，往來亡𡿧。王𠧴曰吉。(續存2.2374)

壬寅卜貞，王田宮，往來亡𡿧。王𠧴曰吉，丝卬隻虎一狐六。(同上)

丁未卜貞，王田疐，往來亡𡿧，王𠧴

20×20=400　安徽师范大学教务处稿纸

曰吉。"（同上）

"戊申卜貞，王田壴，往來亡災，王固曰吉。"（同上）

"壬子卜貞，王田壴，往來亡災，王固曰吉。"（同上）

"辛未卜貞，王田……，往來亡災，王固曰吉。"

(42) "乙卯王……田于宮……"（天78）

"丁巳王卜貞，其田于盂，往來亡災。"（同上）

"戊午王卜貞，其田于宮，往來亡災。"（同上）

(43) "戊辰王……貞，田……往來……。"（前2.34.3）

"辛未王卜貞，田梌，往來亡災，王固曰吉。"（同上）

"壬申王卜貞，田梌，往來亡災。王固曰吉。"（同上）

"乙亥王卜貞，田宮，往來亡災，王固曰吉。"（同上）

(44) "壬辰王卜貞，田玟，往來亡災，王固

曰吉，在夕，兹卬隻鹿六。”(前2.35.1)

“乙巳卜王貞，田書，往來亡𡿧，王𠧟曰吉，兹卬隻鹿四麋。”(同上)

“戊戌王卜貞，田羌，往來亡𡿧，王𠧟曰吉，兹卬隻鹿四。”(同上)

(45)“丁酉……來…亡…隻…。”(前2.41.8)

“戊戌王卜貞，田[illegible]，往來亡𡿧，王𠧟曰吉，隻兕二。”(同上)

(46)“壬申王卜貞，田羌，往來亡𡿧，王𠧟曰吉，兹卬隻鹿十又一。”(前2.44.5)

“戊寅王卜貞，田書，往來亡𡿧，王𠧟曰吉，兹卬隻鹿二。”(同上)

“壬午王卜貞，田[illegible]，往來亡𡿧，王𠧟曰吉，兹卬隻鹿二。”(同上)

(47)“壬辰……王田……來亡…𠧟曰吉，卜…隻…。”(前2.44.7、林2.22.7)

“丁酉卜貞，王田陌，往來亡𡿧，王𠧟曰吉。”(同上)

(48)“乙酉……田…來…曰吉。”(續3.17.1)

“戊……書…王…。”(同上)

20×20—400　安徽师范大学教务处稿纸

“壬辰王卜貞，田曺，往來亡𡿧，王乩曰吉。”（同上）

“丁酉王卜貞，田盟，往來亡𡿧，王乩曰吉。”（同上）

“…午王卜…，田曺，…來亡……王乩曰吉。”（同上）

“…子王卜…，田棕，往…亡𡿧。”（續3.17.1）

(49) “戊辰王…貞，田曺，往來亡𡿧。”（續3.17.9）

“辛未王卜貞，田疐，往來亡𡿧，王乩曰吉。”（同上）

“壬申王卜貞，田疐，往來亡𡿧，王乩曰吉。”（同上）

(50) “戊午王卜貞，田疐，往來亡𡿧，王乩曰吉。”（續3.18.2）

“辛酉王卜貞，田曺，往來亡𡿧，王乩曰吉。”（同上）

“壬戌王卜貞，田𦎫，往來亡𡿧，王乩曰吉。”（同上）

（51）“壬……田……亡𡿧……丝……”（續3.18.1）

“乙亥王卜貞，田噩，往來亡𡿧，王𡆥曰吉，隻……匕，雉卅。”（同上）

“戊寅王卜貞，田喜，往來亡𡿧，王𡆥曰吉。”（同上）

“……巳王卜貞，田喜，往……亡𡿧，王𡆥曰吉。”（同上）

（52）“壬申王……貞，田喜，……來亡𡿧，……𡆥曰吉。”（續3.18.3）

“戊寅王卜貞，田雞，往來亡𡿧，王𡆥曰吉，丝弓隻狐卅。”（同上）

“辛巳王卜貞，田疐，往來亡𡿧，王𡆥曰吉。”（同上）

“壬午王卜貞，田韋，往來亡𡿧，王𡆥曰吉。”（同上）

（53）“丁亥王卜……，田盂，往來亡𡿧，王……”（續3.18.6）

“戊子王卜貞，田噩，往來亡𡿧，王𡆥曰吉。”（同上）

“辛卯王卜貞，田喜，往來亡𡿧，王𡆥

曰吉。”（同上）

(54) “辛丑王卜貞，田壴，…來亡𡿧。…𡆥曰吉，兹卩卅。”（青10.15）

“壬寅王卜貞，田壴，往來亡𡿧。王𡆥曰…。”（同上）

“戊申王卜貞，田壴，往來亡𡿧。王𡆥曰吉，兹卩。”（同上）

“辛亥王卜貞，田韶，往來亡𡿧。王𡆥曰吉。”（同上）

“壬子王卜貞，田發，往來亡𡿧。王𡆥曰吉。”（同上）

(55) “壬寅王卜貞，田壴，往來亡𡿧。王𡆥曰吉。”（庫方1536）

“乙巳王卜貞，田䟭，往來亡𡿧。王𡆥曰吉。”（同上）

“戊申王卜貞，田壴，往來亡𡿧。王𡆥曰吉。”（同上）

“辛亥王卜貞，田壴，往來亡𡿧。王𡆥曰吉。”（同上）

“壬子王卜貞，田壴，往來亡𡿧。王𡆥

“壬戌王卜貞，田書，往來亡𡿧。王𠧴曰吉，隻麑五…雉六。”（同上）

(56) “辛丑王卜貞，田…，往來亡𡿧。”（甲5350）

“壬寅王卜貞，田梌，往來亡𡿧。”（同上）

“乙巳王卜貞，田書，往來亡𡿧。王𠧴曰吉。”（同上）

“丁未王卜貞，田喜，往來亡𡿧。王𠧴曰吉。”（同上）

“戊申王卜貞，田梌，往來亡𡿧。王𠧴曰吉。”（同上）

“辛亥王卜貞，田書，往來亡𡿧。王𠧴曰吉。”（同上）

“壬子王卜貞，田梌，往來亡𡿧。王𠧴曰吉。”（同上）

(57) “丁酉王卜貞，田[illegible]，…來亡𡿧。王…曰吉。”（珠122）

“戊戌王卜貞，田書，往來亡𡿧。王𠧴曰吉。”（同上）

“辛丑王卜貞，田梌，往來亡𡿧。王𠧴

19

“壬寅王卜貞，田疆，往來亡𡿧。王𠧩曰吉。”（同上）

(58) “壬子王卜貞，田榆……”（南明790）

“丁亥王卜貞，田書，往來亡𡿧。”（同上）

“戊午王卜貞，田盂，往來亡𡿧。王𠧩曰吉。”（同上）

“辛酉王卜貞，田書，往來亡𡿧。王𠧩曰吉。”（同上）

(59) “壬戌王卜貞，田書，往來亡𡿧。王𠧩曰吉。在七月。兹御。”（全453，綜類294頁）

“乙丑王卜貞，田書，往來亡𡿧。王𠧩曰吉。”（同上）

“戊辰王卜貞，田書，往來亡𡿧。王𠧩曰吉。”（同上）

“辛未王卜貞，田疆，往來亡𡿧。王𠧩曰吉，兹御。”（同上）

“壬申王卜貞，田書，往來亡𡿧。王𠧩曰吉。”（同上）

“丁丑王卜貞，田疆，往來亡𡿧。王𠧩

田吉"。（同上）

"戊寅王卜贞，田書，往来亡𡿧。王乩曰吉。兹孚"。（同上）

这都是帝乙和帝辛時的卜辞。这里所列举的仍只限一般有三條以上卜辞者。只有丁日出猎者，雖只有两条卜辞也列举。从这些卜辞看，帝乙和帝辛時，殷王田猎，最多的仍是乙、戊、辛、壬四日，和武乙、文武丁時稍有不同者只丁日出猎的次數增多了。甲日田猎只一見。癸、丙、己三日，不论武乙、文武丁時代或帝乙、帝辛時代都不見。庚日也极少見。殷王田猎都在乙、丁、戊、辛、壬幾日，而甲、丙、己、庚、癸幾日不田猎，或极少田猎，这必有原因。这可能他們认為前幾天宜于田猎，後幾天不宜于田猎。《詩·吉日》是詠田猎的詩，詩云："吉日維戊"。这和殷人以戊日宜田猎一样。由此可以推知，殷王多在戊日田猎，所以以戊日為吉日。周人的習俗是源于殷代的。《易·蛊卦》："先甲三日，后甲三日"。《巽卦》："先庚三日，后庚三日

20×20=400　安徽師范大学教务处稿紙

吉”。王引之谓是行事之吉日（《经义述闻》）。先甲三日是辛，后甲三日是丁；先庚三日是丁，後庚三日是癸。《仪礼·少牢馈食礼》：“日用丁巳”。周代也以丁、辛为吉日，这当也是源于殷代的。

以日干定吉凶和行事宜否。这必定认为日干有某种吉凶宜忌的含义了。日干何以有吉凶宜忌的含义呢？这很难以知道。《曲礼》云：“外事以刚日，内事以柔日”。《诗·吉日》：“吉日维戊”，郑玄云：“戊，刚日也”。“吉日维庚”，《传》云：“外事以刚日”。照这样说，行事宜否，是以日干刚柔来分的。所谓刚日是指十干中的五个奇日，即甲、丙、戊、庚、壬。所谓柔日是指十干中的五个偶日，即乙、丁、己、辛、癸。这与卜辞显然不合。日干含有吉凶宜忌之意，不能用此来解释。《郊特牲》：“郊之用辛也，周之始郊日以至”。郑玄云：“用辛日者，凡为人君，当斋戒自新耳”。这显也是望文生义。

《尚书·皋陶谟》（伪古文益稷）：

22

“予創若時，娶于塗山，辛壬癸甲，啟呱呱泣，予弗子，惟荒度土功。”

这句话如何解释，过去说者不一，而皆不能通顺无碍。《吕氏春秋》：

“禹娶塗山氏女，不以私害公，自辛至甲四日，復往治水。”

郑玄云：

“登用之年，始娶于塗山氏，三宿而为帝所命治水。”（尚书·益稷·正义引）

伪孔《傳》云：

“辛日娶妻，甲日復往治水，不以私害公。”

張守節云：

“禹辛日娶，至甲四日往理水。”（史记·夏本纪正义）。

这都以为辛壬癸甲是禹娶塗山氏女后四天，禹以辛日娶妻，甲日即前往治水。

《史记·夏本纪》：

“禹曰：予辛壬娶塗山，癸甲生啟，予不子，以故能成水土功。”

20×20＝400　　安徽师范大学教务处稿纸

这是以辛壬日禹与涂山氏女结婚，癸甲日生子启。

王逸《天问注》云：

“以辛酉娶，甲子日去而有子也。”

这和司马迁之说相近。

《列女传．母仪篇》：

“启母者涂山氏长女也。夏禹娶以为妃。既生启，辛壬癸甲，启呱呱而泣，禹去而治水。”

这似又以辛壬癸甲为启生后四日。

《说文》：

“嵞，会稽山，一曰九江当嵞也。民以辛壬癸甲之日嫁娶。”

《吴越春秋》：

“禹因娶涂山，谓之女娇。取辛壬癸甲。禹行十月，女娇生子启。启生不见，尽夕呱呱啼泣。”

这似又以辛壬癸甲四日皆为结婚之日。

很明显，这些解释没有一种对这句话能解释明白通畅，都是些想象猜测。《吕氏春秋

24

》、伪孔《传》谓禹辛日娶妻，甲日前往治水。文只要说辛日甲日就行了，有什么说辛壬癸甲呢？癸和甲两个字又怎样解释呢？可见这之说更不可通。从辛日到甲日只有四日，怎么结婚四日就生子呢？这是理所必无。所以司马贞谓此说是“不经之甚”。而且这样解释，文义也说不过去。不论结婚或分娩都是一日内的事，怎么能说辛壬娶妻，癸甲生子呢？

这里最难解释的是辛壬癸甲四个字。我疑这是指吉凶宜忌之日而言的。辛壬是吉日，是宜行事之日，癸甲是凶日，是不宜行事之日。这是与上面的娶于涂山，下面的启呱呱而泣并举的三种情况，而不是相联系的。这是说禹勤劳治水，他娶妻之日，辛壬癸甲吉凶之日和生子之日，都不稍休息停止。这样解释，这句话便清楚明白，字字可通而无扞格。

1981年8月11日草于芜湖赭山。

20×20=400

安徽师范大学教务处稿纸

第 1 页

# 再论爰(辕)田

两年前，我草《四川青川秦墓为田律木牍考释》，曾谓木牍为田律所说的田畝形制就是商鞅变法改革土地所作的辕田。由此上溯，推断春秋时晋惠公所作的"爰田"，应也就是这种形制的田。木牍为田律所说田畝的的形制是以百畝为单位，四周修筑封埒阡陌。晋惠公所作的田爰也即是这样的田。"爰"(辕)是指围绕的封埒而言的，不是如旧所说的易田。

这里我再作一点补充

此事关键在"爰"(辕)字的字义。"爰"字除晋作"爰田"一处汉代服虔、贾逵训为易以外，它处不见有训易者。可见服贾等之说是没有根据的，可能只是当时治《左传》、《国语》的古文学者之说。

20×15=300　　安徽师范大学教务处稿纸

第2页

爰曰又作趄田。"趄"即是"亘"字。"亘"字义为环绕。"爰"与"趄"通用，义也当为环绕。我们查"爰"确有环绕之义。《说文》："瑗，大孔璧。"《尔雅》曰："好倍肉谓之瑗，肉倍好谓之璧。"又云："肉好若一谓之环。"瑗与环同一形状的玉器，只是中间的好有大小不同而已。又《汉书·五行志上中》："成帝时童谣曰：燕燕尾涎，张公子时相见，木门仓琅根，燕飞来啄皇孙。木门仓琅根，谓宫铜锾。"（亦见《外戚传》），师古注云："门之铺首及铜锾也。铜色青，故曰仓琅，铺首衔环，故谓之根。"锾与环同。《说文》徐铉切音锾、环皆"户关切"，声音也相同。由此可知"爰"义也训为环。《说文》"环"字段玉裁注云："郑注经解曰，环取其无穷也

1107006855
20×15=300 安徽师范大学教务处稿纸

——環引申為圍繞無端之義"。"爰"又可训为围绕，与题相同。

"爰田"又作"辕田"。《说文》"爰"字注云："籀文以車轅字。"据此，"爰"假借为"辕"。考"爰"与"袁"通用，如汉爰盎，《史记》作袁盎。清瞿中溶《集古虎符鱼符考》及今人黄濬《衡斋金石识小录》并载有汉临袁侯虎符，文云："与臨袁侯为虎符，第二。"杨树达考即《史记·高祖功臣侯者年表》及《汉书·高惠高后文功臣表》之临袁侯戚鳃。（《积微金文说·汉临袁侯虎符跋》）。是"袁"与"辕"通用。"袁"与"辕"原即一字，"辕"乃后加"車"旁而已。"辕田"初应只作"袁田"。

《说文》云："袁，長衣皃，从衣，叀省声。"段玉裁云："此字之本义，今只为姓，而本义廢矣”。这个字的本义是为長衣皃，没有佐证。许慎的解释字形字义並都是望文生义。楼从“袁”作的字有“園”字。《说文》云“園，所以樹果也，从口袁声”。《周礼·大宰之职》云：“以九職任萬民，二曰園圃毓草木”郑玄注云：“樹果蓏曰圃，園其藩也”。《诗·郑风·将仲子》：“将仲子兮，无踰我園”。《正义》云：“太宰职云，園圃毓草木。園者圃之藩，故其内可以种木”。朱熹《诗集传》云：“園者圃之藩，其内可以种木”。郑玄，孔颖達、朱熹都说園是圃之藩。《诗·齐风·东方未明》：“折柳樊圃”。《正义》云：“樊，藩也，释言文。樊圃之藩。郭璞曰：‘谓藩篱也’。种菜之地谓圃，其外藩篱谓之園。園是藩篱，“園”字也必是圍有圍绕之义。由此可以推知"袁"字义也當為圜。"袁"當就是"園"字的初字，後加口為"園"。

"爰"、"袁"和"亘"一样，[illegible]也都為擐繞、環繞。"爰田"是以百[illegible]為單位、四周修築封埒為界的田，似無[illegible]疑。

商鞅變法作轅田[illegible]《史記》、《汉书》都说"為田，開阡[illegible]或"制轅田，開阡陌"。

《史記、秦[illegible]紀》：(孝公十二年)為田開阡陌

《史記[illegible]國表》：《孝公十二年》令為田，[illegible]阡陌。

《[illegible]記、商君列傳》：為田，開阡陌封疆而賦稅平。

《汉书、地理志》：孝公用商鞅君，制轅田，開阡陌，東雄諸侯。

他們這樣都強調突出地說"開阡陌"，可見"開阡陌"是商

鞅“制辕田”中的一件重要的事。张晏云：“商鞅始割列田地，开立阡陌，”说得很清楚，“开阡陌”是建立阡陌。睡虎地秦墓竹简《法律答问》：

“盗徙封，赎耐。可（何）如为‘封’？‘封’即田千佰。顷半（畔）‘封’殹，且非是？而盗徙之，赎耐，可（何）重也？是，不重。”

阡陌封疆还用法律来保护，有非法移徙封者还要处以“赎耐”之刑，更可见封疆阡陌的重要。过去说“开阡陌”是破坏阡陌，显然可见是错误的。

商鞅作辕田，阡陌为什么这样重要呢？按商鞅作辕田是对秦国的土地进行一次大改革。他把田亩的面积扩大，把原来秦田百步为亩

《汉樊利家买地券》：“光和七年九月癸酉朔六日戊寅，平阴男子樊利家从雒阳男子杜謌子、子弟□买石梁亭部桓千东比是佰田伍亩，亩三千，并直万五千钱，即日毕。……”东汉仍有阡陌，更可见开阡陌是破坏阡陌之错误。

亩百给一夫改为二百四十步为亩，亩百给一夫。这样扩大田亩的面积，自是商鞅为富国强兵，实行农战，使农民充分发挥其劳动，增加生产。但除此以外，还有其它的目的和作用。

《史记·商君列传》："为田开阡陌封疆而赋税平。"商鞅改革田亩制度也是为要使农民赋税担负平均合理。土地以一顷为一单位授予农民，农民每家的土地相等，按此征税，负担自也比较公平了。~~为要保持这样的~~睡虎地秦墓竹简《田律》："入顷刍稾，以其受田之数，无豤（垦）不豤（垦），顷入刍三石，稾二石。"可见秦确是以一顷为单位征税的。这样征税比较公平合理，也比较简便。但这种制度必须要一顷土地的面积维持不变。这就必须要修封埒阡陌作为固定的田界。其所以重视阡陌封疆，而且用

20×15=300　　安徽师范大学教务处稿纸

[illegible]

第 8 页

法律保护阡陌封疆，原因就在于是。

《汉书·地理志》：“孝公用商鞅，开阡陌，东雄诸侯。”据此，秦国之强大，“开阡陌”是个重要的因素。商鞅变法，改革土地，农民私家所有的土地增多了，农民赋税负担也比较公平合理了，再加上商鞅对农民耕织的好坏有奖有罚，这样使农民生产积极性加强得多了，努力生产，农业生产发达了，国家自也就富强了。

我觉得，商鞅制辕田的作用还不止此，它对秦国的政治也有重要的影响作用。这不止是经济改革，也是一次政治改革。《史记·秦本纪》载孝公十二年，“并诸小乡聚，集为大县，县一令，四十一县，为田开阡陌。”在商鞅改革土地的同时，又进行了行政区域县的建立。郡县制春秋时已经出现了。这一是由于诸侯互

20×15=300　安徽师范大学教务处稿纸

相兼併。因为诸侯是不能封国的，它获得的土地只能派人管理。二是由诸侯卿大夫的食邑。春秋时代，诸侯赐与卿大夫有食邑，诸侯又往往赏赐卿大夫田邑。诸侯卿大夫既不能分封，更只有自己派人管理。随着春秋时代卿大夫的权势愈增大，这种状况越来越多。这种状况初只是食邑，但既派人管理，就逐渐具有行政区域的性质。如《论语》云：“子

“子游为武城宰。子曰：‘女得人焉尔乎？’曰：‘有澹台灭明者，行不由径，非公事未尝至于偃之室也。’”

“子游为武城宰。孔子之武城，闻弦歌之声，夫子莞尔而笑曰：‘割鸡焉用牛刀。’子游曰：‘昔者闻诸夫子曰：君子学道则爱人，小人学道则易使也。’”

及至三家分晋，因此等家所因的土地也，其原来的卿大夫所从分或若原、而门使才出现。

这里邑有"公事"，邑宰要求贤，要教育人民，要为人民谋利，这显是有行政性质，而非只是征收赋税的了。但这种县的机构组织怎样，则记载缺乏，不得详知。作为比较有组织的地方行政机构的县可以说以秦汉所作的县为最早。《汉书·百官公卿表》说：

"縣令長，皆秦官，掌治其縣。萬户以上为令，秩千石至六百石；减萬户为長，秩五百至三百石，皆有丞尉，秩四百石至二百石，是为長吏。百石以下有斗食，佐史之秩，是为少吏。大率十里一亭，亭有長；十亭一鄉，鄉有三老，有秩，嗇夫，游徼。三老掌教化，嗇夫掌聽訟收賦税，游徼徼循禁贼盗。縣大率方百里，其民稠則減，稀則曠，鄉亭亦如之也。"皆秦制也。"

照这里所说的，秦国县乡的行政组织是相当完备的。但商鞅变法开始设置县时是否就如此完备很难肯定，这也许是后来逐渐改善才达到这种程度的。不过，商鞅变法初设置县时其机构也必有一定规模。《史记·商君列传》云："集小小都乡邑聚为县，置令丞"是县令和县丞商鞅初置县时就设置了。《史记·六国表》云：秦孝公十三年"初为县，有秩史"。是商鞅初置时也有了。"秩史"当就是斗食、佐史之属。商鞅所设置的县实完全是行政机构了。

《史记·秦本纪》记秦商鞅"并诸小乡聚集为大县"。《正义》说乡聚"犹村落之类也"。这种村落是什么性质的呢？是农村公社？还是奴隶制下的奴隶？还是封建领主制下的农奴

？这都难确定。不论怎样，商鞅把这些村落合

併成为县，以对这些村落加以改造，可能还有又

在这样改变乡聚为县的同时，又改革土地制度

，授予农民土地。这样，农民完全为中央集

权制下的行政区域了，农民也变为中央专制

主义制下的个体农民了。反过来说，这就确定

了专权专制下的中央集权的政治制度。这种中

央集权的专制制度确定以后，一切改革政策法

令的推行就更能顺利的推行了。

秦国由此，秦国的生产大大地提高了，

政治和社会的面貌都改变了，秦国成了一个新

的国家。因此，秦国便很顺利很快地强大起来。

所以后世，这里会说商鞅"开阡陌，东雄

诸侯"，秦国霸业在于此。

在此以前，商鞅在政治及经济方面也作许

20×15=300　　安徽师范大学教务处稿纸

改革。史称"行之十年，秦民大说，道不拾遗，山无盗贼，家给人足，民勇于公战，怯于私斗，乡邑大治。"后结小乡聚为县及作辕田，则对秦国的政治和经济更进一步作彻底的改造。这样改革以后，秦国的经济、社会和政治的旧貌被完全改观。它就以一个新的社会，新政治面貌呈现在历史上。史称商鞅"开阡陌，东雄诸侯"，原因即在于此。

~~春秋时晋作"爰田"，和商鞅所作的"辕田"本来是和商鞅所作的"辕田"一样，是以自家为单位四周阡陌封疆的田。我前文说是~~ ~~和商鞅所制的辕田一样~~ ~~是以自家为单位四周阡陌封疆的田。我们以"爰""辕"的字例文和商鞅所作的辕田来看~~，

春秋时晋作"爰田"，我说也是和商鞅作"

"辕田"一样，其目的也是为要固定田亩的疆界。春秋时代各国有变更和侵占他土地破坏田界的现象：如银雀山出土《孙子兵法》佚篇《吴问》说晋国范氏、中行氏的田以八十步为畹，百六十步为畛；韩、魏以百步为畹，二百步为畛；赵氏以百廿步为畹，二百卌步为畛。晋国的田亩是至少有三种不同亩积，这三种不同的亩积，必是他们在自己的领地内变更原来田亩面积的，变更田亩面积，同时也必须变更原有田疆。又如襄公十年《左传》云："初，子驷为田洫，司氏、堵氏、侯氏、子师氏皆丧田焉。"杜预注云："子驷为田洫以正封疆，而侵四族田。"孔颖达《正义》云："四族皆是富豪，占田过制，子驷为此田洫，正其封疆，于分有剩，则减给他人，故正封疆而侵四族田也。"这很明岂是这回获破坏疆界，侵夺土地。

《春秋经》鲁宣公十五年"初税亩"。这句如何解释？这是什么一回事？过去的解释都难使人明瞭。《左传》云：

"初税亩，非礼也，谷出不过藉。"杜预注云："周法民耕百亩，公田十亩，借民力而治之，税不过此。"

《公羊传》云：

"初税亩。初者何？始也。税亩者何？履亩而税也。"

何休注云："时宣公无恩信于民，民不肯尽力于公田，故履践案行，择其善亩谷最好者税取之。"

《穀梁传》

"初税亩。初者始也。古者什一，藉而

"疆界"

"《国语·晋语》："范宣子与和大夫争田，久而无成。"韦昭注："和，晋邑之大夫也，争田不税。初税亩，非正也。"

这都只是说"初税亩"不合礼，不合于旧的制度，没有说为什么要改用这种税制。何休说鲁宣公时民不肯尽力公田，因而履亩善好谷者而税之，恰是想当然说。近时人解释"初税亩"说这表明鲁国正式宣布废除井田制，承认私田的合法性，而一律取税（史稿），这里也是想像之辞，没有说明这句经应当如何解释。这里应当注意的是"亩"。什么是"亩"？古代田广一步、长百步为一亩。"亩"就是田垄。《周语》韦昭注云："下曰畎，高曰亩，亩垄也。"周代的土地是以一百亩为一单位的，即所谓一夫之田。税收即以百亩为单位，即所谓"百亩而彻"。若田籍法，则更只借用农民的劳动力耕公田，不按田收税。"税亩"是"履亩而税

第 17 页

”这只是按照垦亩的数目多少来征税了。按亩征税，则过去按百亩征税的制度就取消了。鲁国为什么要废除旧制，改行新制呢？这只是旧的税收制度不适宜于新的情况，不能再用，而只须改行按亩征税的制度了。鲁国为什么要改行税亩制呢？这只是由于当时田亩疆界遭受破坏。田界破坏，田的大小就不一，原来百步为亩的田亩也就被破坏了。有的虽名为百亩实不及百亩，有的又不止百亩。这样可能有还垦辟了许多的土地，不能纳入百亩制度之内。这样不使征税合理及增加国家的收入，不得不改行按亩征税。

20×15＝300　　安徽师范大学教务处稿纸

# 張騫通西域考

張騫通西域是我國历史上一件重要的事。在世界历史上也是件重要的事。欧洲历史學者曾有人把它比之于哥伦布发現新大陸。这件事对后来的重大影响是很明显的。自从張騫打通中国与中亚之间的道路以后，两方面的交通日益发达，不仅在政治上和经济上中国与中亚各国发生关係，文化也互相交流。这对我国后来文化的发展有着重要的作用。

对于这一事件的历史學者研究者很多。这里我只就其中的几个问题说一说自己的看法。

## 一　張騫使大月氏

秦汉之際，匈奴强大起来，不断侵擾汉的北边。汉高祖刘邦採取和親政策，以宗室女翁主为匈奴单于的閼氏，并每年給予繒絮米糵等物。但匈奴仍旧侵盗不已。汉初以来，匈奴一

20×20=400　　安徽师范大学稿纸

直是汉安全的威胁。汉武帝刘徹即位以后，有匈奴降者说，匈奴败大月氏，杀大月氏王，以其頭为飲器，月氏逃遁，希望与其他的国家合击匈奴。当时汉武帝正欲击匈奴，听到匈奴降者的话，便欲和月氏联合。于是募人使大月氏。张骞应募前往。

## (一) 大月氏民族及其故地

大月氏是什么民族很难确定。过去，学者有几种意见。一说是西藏族，即羌族。此说的根据是《后汉书·西羌傳》说湟中月氏胡"其先为大月氏之别，……被服、飲食、言語略与羌同"。《魏略·西戎傳》说"敦煌西域南山中，从婼羌西至葱岭數千里，有月氏餘种葱茈羌、白马、黄牛羌"。《魏书·西域傳》说小月氏"被服頗与羌同"。一说大月氏是氐族。此说是根据《魏略·西戎傳》月氏小月氏。一说大月氏是突厥族。此说是根据印度考古发掘所得古代貨幣上所鑄的大月氏王肖相，面貌多是隆鼻高

3

额，鼻梁凸出，多须髯。这种面状是突厥人的相貌①。此外万震《南州志》又说大月氏"其人赤白色②。大月氏似又是亚利安人。

这些说法，证据都不充分。氐族说很明显是不正确的。魏晋以后，佛教僧侣从大月氏来中国者莫不冠以支字，其人民来者也以支为姓氏。可知月氏之不能作月氐。氐字乃是傳写之误。万震说大月氏"其人赤白色"，乃是指当地土著而言，大夏人原为白种人。由東方西迁的大月氏民族不能据此推定。按《北史·西域傳》云："康国者，康居之后也……自汉以来，相承不绝。其王本姓温，月氏人也。旧居祁连北昭武城。因被匈奴所破，西逾葱岭，遂有国，枝庶各分王。故康左右诸国並以昭武为姓。人皆深目高鼻多髯。"南北朝到唐代的康国是指撒马尔干，说它是古代的康居，是错误的。康国的王族是月氏的后裔，其"人皆深目高鼻多髯"，这正是突厥的状貌。大月氏是突厥族可能近乎事实。

大月氏的故地，《史记·大宛列傳》云：

“始月氏居敦煌祁連间。”

《史記》这句话很简略，后世学者对这句话有不同的解释，因之对大月氏故地是什么地方，意见也就不同。《史記·大宛列傳·正义》：

“初月氏居敦煌以東，祁連山以西。敦煌郡今沙州。祁連山在甘州西南。”

《汉书·張骞傳》：“（烏孫）昆莫父难兜靡本与大月氏俱在祁連敦煌间。小国也。”师古云：

“祁連以东，敦煌以西。”

顏师古和張守節对于大月氏故地解释不同，因之近代学者也有两种不同的意见。一从張守節之说，一从顏师古之说③。他们意见所以分歧，主要的是由于对祁連山的解释不同。張守節认为祁連山是酒泉張掖郡南的祁連山，即现在甘肃和青海界上的祁連山。顏师古则认为祁連山是西域的天山。《汉书·霍去病傳》，霍去病击匈奴，“去病出北地，遂深入……去病至祁連山。”顏师古《注》云：

“祁連山即天山也。匈奴呼天为祁連。”

又《汉书·武帝纪》，天汉二年，贰师将军李广利与匈奴右贤王战于天山。颜师古《注》中云：

"即祁连山也，匈奴谓天为祁连。"

颜师古以祁连山为现在新疆境内的天山，他自然以大月氏故地在祁连山以东、敦煌以西。

颜师古的解释实是不正确的。汉武帝元狩三年（公元前120年），霍去病出北地击匈奴。《汉书·武帝纪》云：

"元狩三年夏，将军霍去病、公孙敖出北地二千余里，过居延，斩首虏三万余级。"

《史记·匈奴列传》云

"其夏，骠骑将军复与合骑侯数万骑出陇西、北地二千里击匈奴。过居延，攻祁连山。"

可知这次进攻匈奴，兵锋所及，是出北地二千余里的地方。换句话说，他们进攻的祁连山当在距北地二千余里处。汉武帝天汉二年（公元前98年），李广利与匈奴右贤王战于天山。《汉书·武帝纪》师古《注》引晋灼云：

"(天山)在西域，近蒲类国，去长安八千余里。"

《汉书·西域传》云：

"蒲类国王治天山西疏榆谷，去长安八千三百六十里。"

霍去病所攻的祁連山去北地郡二千余里，李廣利与匈奴右贤王交战处的天去长安八千余里，二者不是一山，这是很明显的。颜师古把二者混而为一，显然是错误的。《史记·匈奴列傳》索隐》引《西河旧事》云："祁連山在張掖、酒泉二界上，东西二百余里，(南)北百里。"④ 祁連山实在張掖、酒泉界上，即现在的祁連山。

大月氏居敦煌祁連之间，应在敦煌以东，祁連山以西。

唐、五代的学者又以汉代武威、張掖、酒泉、敦煌四郡原都是大月氏之地。《史记·匈奴列傳·正义》引《括地志》云：

"凉、甘、肃、延、沙等州本月氏国"⑤。

《史记·大宛列傳》云："始月氏居敦煌祁連间

”。《正义》云：

“按在凉、甘、肃、瓜、沙等州。汉书云：本居敦煌祁连间也。”

《旧唐书·地理志》凉州姑臧：

“姑臧，汉县，属武威郡，郡所理。秦月氏戎所处。”

甘州张掖：

“故匈奴昆邪王地属，汉武开，置张掖郡。”

肃州酒泉：

“汉福禄县，属酒泉郡。……时月支地，为匈奴所灭。匈奴令休屠昆邪守之。”

沙州敦煌：

“敦煌，汉郡县名，月氏戎之地。秦汉之际来属。”

《旧唐书》没有说张掖是月氏之地。张掖在武威和酒泉之间。武威和酒泉都是月氏之地，其间的张掖自也已为其所有。近代学者也多同意武威、张掖、酒泉、敦煌之地原都为月氏所有。

20×20=400　　安徽师范大学稿纸

我疑在汉初以前，当大月氏盛時，不特武威、张掖、酒泉、敦煌之地为其所有，其東境可能还有一部分及于黄河東岸。

《史记·匈奴列傳》述匈奴頭曼單于時的形势云：“当是之時，東胡彊而月氏盛。”據此，当時大月氏应是个相当强大的国家，它的疆域必与匈奴相鄰接。頭曼單于時代，匈奴才兴起不久，还不強大。它活动的地区主要是秦趙以北陰山山脈一帶，沒有達到張掖、酒泉之地。如此時大月氏居地是在敦煌、祁連間，則疆域不大，不能称盛，也不能与匈奴鄰接。这只有它的疆界东達武威乃至更东的地方，才能如此。

《汉书·地理志》安定郡有月氏道。安定郡为什么有月氏道呢？清钱坫说是以月氏降人置⑥。秦汉時，于原“蛮夷”居地置道。但“蛮夷”来降者是否为之置道，却不无可疑。《汉书·地理志》所载的道，有可知是哪种“蛮夷”居地者。

隴西郡狄道　师古云：其地有狄种，故曰

9

狄道。

陇西郡氐道 师古云：氐，夷种名也，氐之所居，故曰氐道。

天水郡獂道 应劭云：獂戎邑也。

天水郡緜诸道 《史记·匈奴列传》："自陇以西有緜诸之戎。"緜诸道当原为緜诸戎的居地。

北地郡義渠道 北地郡原为战国时義渠的居地。

由此可知，秦汉时的道确实是就原属"蛮夷"的居地设置的。《汉书·地理志》有以降人置的县，如：

張掖郡驪靬县 钱坫云："以驪靬降人置"⑦。

天水郡罕开县 师古云：本破罕开之羌，处其人於此。

上郡龟兹县 师古云：龟兹国人来降附者，处之於此，故以名之。

驪靬、罕开、龟兹都是来降附的"蛮夷"迁于汉境内者，汉不为置道，而为置县，可知秦汉

20×20=400 安徽师范大学稿纸

实不为降人置道。秦汉时之道既仅就原"蛮夷"的居地设置，则安定郡的月氏道也一定原为月人的居地。由此推测，则月氏的领土最早当曾达到汉代的安定郡郡内。

大月氏原居武威、张掖、酒泉、敦煌四郡之地。《史记》说它"居敦煌祁連间"，盖是指其东部武威为匈奴夺取之后，西徙大夏之前的情况。

然则大月氏武威之地何时为匈奴所夺取呢？我疑匈奴冒頓单于第一次击大月氏时即为其所侵占。

《史記·匈奴列傳》：

"東胡初輕冒頓，不为备。及冒頓以兵至，击，大破灭东胡，而虏其民人及畜產。既归，西击走月氏，南并楼烦、白羊、河南王，侵燕代。悉復收秦所使蒙恬所夺匈奴地者，与汉关故河南塞，至朝那、肤施，遂侵燕代。是时，汉兵与項羽相距，中国罷於兵革，以故冒頓得自强。"

这是记载中匈奴第一次击大月氏。这在哪一年《史记》没有明文。很明显，这当是在冒顿单于在位，汉楚对峙的时候。冒顿单于即位徐广谓在秦二世元年（公元前209年）⑱。汉楚对峙是从汉高祖元年（公元前206年）到五年（公元前202年）。冒顿击大月氏当即在这几年之间。这次冒顿击大月氏，既曰"击走"，大月氏当为他所驱逐。《汉书·韦玄成傳》云：

"及汉兴，冒顿始强，破东胡，禽月氏，并其土地。"

冒顿"禽月氏，并其土地"，大月氏的土地必有一部分为其所佔领。

《史记·匈奴列傳》述冒顿单于击走大月氏后匈奴東西方的疆域形势云：

"诸左方王将居東方，直上谷，以往者东接秽貉、朝鲜。右方王将居西方，直上郡，以西接月氏、氐羌。"

《汉书·匈奴傳》云：

"诸左方王将居东方，直上谷，以東接秽貉、朝鲜。右方王将居西方，直上郡，以西接氐羌。”

《汉书》删去“月氏”二字。《汉书》为什么要改《史记》呢？班固的意思只以为此時武威之地已属匈奴。因如武威仍属大月氏，则匈奴与氐羌之间有大月氏相隔，匈奴不能与氐羌相接。只有武威之地已属匈奴，匈奴才能与氐羌接壤。这也可以说明冒顿第一次击大月氏，就占有武威之地。不过我以为《史记》之文也可不需要删改。此時武威之地虽已为匈奴所占领，但张掖、酒泉乃为大月氏的领土，匈奴仍与大月氏接界。班固删去月氏二字，可能是误解《史记》的文意，或者他以为有月氏二字会使人误解此時大月氏仍有武威之地。

《史记·匈奴列傳》：

“其三年（汉文帝三年）五月，匈奴右贤王入居河南地，侵盗上郡葆塞蛮夷，殺略人民。於是孝文帝诏丞相灌婴发車騎八万五千，诣高奴，击右贤王。右贤王走出塞。……其明年，單于遺汉书曰，天所立匈奴大單于敬问皇帝无恙。前時皇帝

20×20=400　安徽师范大学稿纸

13

言和親事，称意书合歡。汉边吏侵侮右贤王，右贤王不请，听后义盧侯、难氏等计，与汉吏相距。绝二主之约，离兄弟之親。皇帝讓书再至。发使以报，不至。汉使不至，汉以其故不和，邻国不附。今以小吏之败约，故罚右贤王，使之西求月氏击之。以天之福，吏卒良，马强力，以夷滅月氏，尽斩杀降下之。定楼兰、乌孙、呼揭及其旁二十六国，皆以为匈奴。

學者或根据这段记载，认为汉文帝二年至四年（公元前178—176年），大月氏仍保有武威地方。因为此时匈奴右贤王入居河南，冒顿罚他西击大月氏。由河南向西，正是武威⑨。这实是错误的。这段记载不但不能证明此时大月氏仍保有武威之地，反足以证明此时大月氏已离去武威，而以酒泉、敦煌为其重心所在。按匈奴右贤王入居河南是在汉文帝三年（公元前177年）五月。及汉文帝命丞相灌婴击右贤王，右贤王即退回塞外。而~~右贤王~~冒顿单于罚右贤王

20×20＝400　　安徽师范大学稿纸

西击大月氏，則更在此后。右賢王西击大月氏時，他已不在河南，而在塞外。右賢王西击大月氏，不能以河南为標准推测其方向，而应以右賢王住地为標准。換句话说，这時大月氏不在河南之西，而应在右賢王王庭之西。右賢王王庭何在，史无記載。《史記·匈奴列傳》記汉武帝元朔五年（公元前124年）衛青击右賢王，出高闕，出塞六七百里，夜圍右賢王。右賢王大驚，脫身逃走。高闕是在今鄂尔多斯黄河西北，衛青出此六七百里，則右賢王庭当即在此西北六七百里之处。大月氏又在右賢王庭之西，則必在張掖、酒泉、敦煌一帶。还有，这次右賢王進攻大月氏，同時又定樓兰、烏孫、呼揭及其旁二十六國，則大月氏必和这些國家相近。这也可以推知此時大月氏當在張掖、酒泉、敦煌之地。

再从秦汉与匈奴的戰争看。秦及汉初，匈奴侵扰边境，多在北边的代郡、雲中及河南，即今山西北边及鄂尔多斯一帶，西边未见遭受匈奴的侵犯。这就因為当時的勢力还没有达到

15

武威。汉西边受匈奴侵扰，在记载上始于吕后時。《汉书·吕后纪》："六年六月，匈奴寇狄道，攻阿陽。"又云："七年冬十二月，匈奴寇狄道，略二千餘人。"狄道屬隴西郡，阿陽屬天水郡。天水郡汉武帝元鼎三年（公元前114年）分隴西置⑩。吕后時屬隴西。隴西郡西北与武威相接。吕后時武威必已屬匈奴，否則匈奴之兵不能到达狄道及阿陽。匈奴之佔有武威必在吕后之前，不能下逮文帝時。

总起来看，大月氏的故地，秦以前其東边当達到黄河西岸，汉代的武威、張掖、酒泉、敦煌四郡之地皆为其所有，有一部分或猶及于黄河之東。楚汉之際，匈奴冒頓单于崛起，"击走月氏"，大月氏東部，即汉代武威郡及以東之地乃为匈奴所略取。大月氏遂退居敦煌祁連间。汉文帝三、四年间（公元前177—176年），冒頓单于命右賢王击大月氏，大月氏更大衰弱。及老上单于破殺月氏王，大月氏乃被迫自敦煌、祁連间西徙。

20×20=400 安徽师范大学稿纸

## (二) 大月氏西徙之年代

大月氏从敦煌祁连向西徙的年代，學者的意见也很纷歧。确切的年代也确实难定。这里我们只略加推测。

《史记、大宛列傳》：

“大月氏……故時彊，輕匈奴。及冒頓立，攻破月氏。至匈奴老上單于，殺月氏王，以其頭為飲器。始月氏居敦煌祁连间，及為匈奴所敗，乃远遁。过宛，西击大夏而臣之。遂都妫水北為王庭。”

《汉书、西域傳》：

“大月氏……本居敦煌祁连间，至冒頓單于攻破月氏，而老上單于殺月氏，以其頭為飲器，月氏乃远去，过大宛，西击大夏而臣之，都妫水北為王庭。”

据此，大月氏自敦煌祁连间西徙是在匈奴老上單于時代。这一点大家都没有异议。但匈奴老上單于在位的年代仍不能确定。从史记、匈奴

20×20=400 安徽师范大学稿纸

17

列傳》述汉文帝六年（公元前174年）汉遺匈奴书后接着说："后顷之，冒頓死，子稽粥立，号曰老上單于。"老上單于即位大概就在汉文帝六年。但他的死年則不能确知，學者意見也不一致。《史记·匈奴列傳》於汉文帝后二年（公元前162年）遺书老上單于約定和親之后接着说：

"后四歲，老上稽粥單于死，子軍臣立為單于。軍臣單于立四歲，匈奴絶和親，大入上郡、雲中各三万騎……后歲余，孝文帝崩。"

《汉书·匈奴傳》云：

"后四年，老上死，子軍臣單于立……軍臣單于立歲餘，匈奴絶和親，大入上郡、雲中各三万騎……后歲餘，文帝崩。"

又《史记·匈奴列傳·集解》引徐广说，"軍臣單于汉文帝'後元三年立'"。

學者对于老上單于的死年，主要的都是根据这些记載来推测。有人根据《史记》，认為老上單于是死于汉文帝后元六年（公元前158

20×20＝400　　安徽师范大学稿纸

）⑪。有人根据徐广说，认为老上单于是死于汉文帝后元三年（公元前161年）。⑫。

这些意见所以不同，原因是由于《史记》记载有错误。《史记》说汉文帝后元二年汉遣书匈奴约和亲后四岁老上单于死，军臣单于立。军臣单于立四岁，匈奴绝和亲，大入上郡、云中各三万骑。照这样说，则老上单于死和军臣单于立都在汉文帝后元六年（公元前158年）。军臣单于立四岁匈奴大入上郡、云中则在汉景帝二年（公元前155）。明年汉文帝死，则在汉景帝三年（公元前154年）。这明显与事实不合。徐广看到《史记》有误，所以改《史记》之说，谓军臣单于立于汉文帝后元三年。徐广之说实是推测。《史记·匈奴列传》："军臣单于立四岁"，《集解》又引徐广说："孝文帝后元七年崩，而二年答单于书，其间五年，而此云后四年，又立四岁，数不容尔也。"徐广遂以为从汉文帝后元三年到后元七年汉文帝死凡五年，因此他认为军臣单于应是立于汉文帝后元三年。徐广之说只是一种推测，别无其它根据，是否一定可信，也难说。

20×20=400　　安徽师范大学稿纸

19

~~据，是否既一定可信，也难说。~~

我觉得《汉书》的记载可能是正确的。《汉书》的记载畅通无碍，与事实完全符合，前后没有矛盾。“后四年”与《史记》“后四岁”意思是一样的，是指从汉文帝后元二年遣书匈奴约和亲以后的四年，即汉文帝后元五年（公元前159年）。这一年，老上单于死，军臣单于立。军臣单于立岁余，匈奴绝和亲，大入上郡、云中，是汉文帝后元六年，又“岁余”汉文帝崩，是文帝七年，这都与事实相合。《史记》诚然有错误，但未必全错。这里可能有错误的只有“后四岁”或军臣单于“立四岁”之“立四岁”。从《汉书》看，“立四岁”是错误的，即“立岁余”之误。这也可能不是《史记》原来错误，而是传写致误的。

匈奴老上单于在位之年代是从汉文帝六年（公元前174年）到后元五年（公元前159年）。大月氏为匈奴所败，从敦煌祁连间西徙，当在这期间之内。但在这中间的哪一年，仍不能确指。

20×20=400　　安徽师范大学稿纸

大月氏为匈奴老上单于所破而西徙。最初是徙居塞王地。后为乌孙所败，又自塞王地西迁大夏。大月氏自塞王地西徙大夏的年代，史书也没有明确的记载。

《汉书·張騫傳》：

"臣居匈奴中，闻乌孫王号昆莫。昆莫父难兜靡，本与大月氏俱在敦煌祁連间，小国也。大月氏攻殺难兜靡，夺其地。人民亡走匈奴。子昆莫新生，傅父布就翎侯抱亡。置草中，为求食。还，见狼乳之，又乌衔肉翔其旁，以为神，遂持归。匈奴单于爱養之。及壮，以其父民众与昆莫，使为將，數有功。時月氏已为匈奴所破，西击塞王，塞王南走远徙，月氏居其地。昆莫既健，自请单于報父怨，遂西破大月氏。大月氏復西走，徙大夏。昆莫略其众，因留居，兵稍强。會单于死，不肯復朝事匈奴。匈奴遣兵击之，不勝，益以为神而远之。"

据此，乌孫击败大月氏，大月氏自塞王地西徙大夏，是在单于死前。乌孫这段历史是張騫在匈奴中所说的。張騫使大月氏是匈奴軍臣单于在位的期间。这死去的单于虽是老上单于。大月氏自塞王地西徙大夏，当在老上单于死前不久。但从"昆莫略其众，因留居，兵稍强，會单于死"这几句话来看，也不是紧在老上单于死前，其间至少还有一两年或两三年的时间。大月氏自塞王地西徙大夏，可能是汉文帝后元二年到四年（公元前155—153年）之间。其从敦煌祁連间西徙，当更在此以前。

（三）大月氏西徙之路线及其王庭

《史记·大宛列傳》：

"始月氏居敦煌祁連间。及为匈奴所败，乃遠去，过宛，西击大夏而臣之，遂都妫水北为王庭。"

大月氏西迁大夏，这里只说"过宛"，从什么路线，除大宛外，还经过哪些地方没有说明。大月氏究竟由哪条路线迁往大夏不明确。《汉书

《張騫傳》和《西域傳》都说大月氏自敦煌祁连间西徙，曾佔领塞王地，后为乌孙所败，又从塞王地迁往大夏。《汉书·西域傳》乌孙条云：

乌孙国本塞地也。大月氏西破走塞王，塞王南越县度。大月氏居其地。后乌孙昆莫击破大月氏，大月氏徙西臣大夏，而乌孙昆莫居之。故乌孙民有塞种大月氏种云。

塞王地，也即是后来的乌孙国，学者多认为在现在的伊犁河流域。如此说属实，则大月氏是由伊犁河流域迁往大夏的。按照当时的形势，从伊犁河流域迁往妫水（今阿姆河）北，必经由康居。但史书没有经过康居的记载。我们以为以塞王地，即以后的乌孙，在伊犁河流域，是不正确的。乌孙实今天山山脉中，西及热海（Issik-Kul）南岸地带。这一点我们后面再说。大月氏从敦煌祁连间西徙，佔领塞王地，也就佔领这一地区。

《汉书·西域傳》罽賓国條：

“昔匈奴破大月氏，大月氏西君大夏，而塞王南君罽宾。塞种分散，往往为数国。自疏勒以西北，休循、捐毒之属，皆故塞种也。”

据此，捐毒和休循原也都是塞王之地。捐毒为今之伊尔克斯坦（Irkestane），休循为今之阿拉高原（Alai Mts）。据此，自热海南岸一带以至阿拉高原原都是塞王之地。当大月氏破走塞王，塞王南走罽宾，其地也应为大月氏所占。《汉书·西域传》休循條：

“休循国治飞鸟谷，在葱岭西……至捐毒衍敦谷二百六十里，西北至大宛国九百二十里，西至大月氏千六百一十里。”

此处之大月氏即大月氏未迁往大夏前之大夏。休循原与大夏接壤，也即是塞王地与大夏接壤，也即是大月氏未徙居妫水北之前，就与大夏相邻接。按阿姆河支流捷拉夫珊河（Zar-afshan）及克孜勒苏河（Kizil-su）都发源于葱岭，沿这两條河的河谷西徙是很方便的。疑大月氏即由此西迁至妫水之北的。《北史·西域传》

说康居王本月氏人，"因被匈奴所破，西踰葱岭，遂有国。"大月氏确由葱岭西迁的。《史记》说大月氏"过宛，西击大夏而臣之"，乃是说越过大宛到达大宛之西，并不是说经过大宛境内。

《史记·大宛列傳》说大月氏"都妫水北为王庭"。張騫使大月氏時，大月氏王庭在什么地方，學者的意見也不一致。有人说在铁门（Iron Gate）以南阿姆河北岸地区⑬。有人说在以撒马尔干（Samarkand）为中心的粟特（Sogdiana）地方⑭。有人说在阿姆河与克则勒苏河下游之間的瓦汉（Wakhan）地方⑮。这些说法根据如何，是否正确，这里我们不想着说。只说一说我们自己的一点看法。

先说一说張騫西使時，大月氏的的疆域。《史记·大宛列傳》云：

"大月氏在大宛西可二三千里，居妫水北。其南则大夏，西则安息，北则康居。"

很清楚，当時大月氏是在妫水之北。它的疆域四至，"南则大夏，西则安息"。它与大夏、安

25

息的疆界很容易推见。《史记、大宛列傳》：“大夏在大宛西南二千余里妫水南”。大月氏和大夏当以妫水为界。《史记、大宛列傳》：

“安息在大月氏西可数千里……地方数千里，最为大国，临妫水”。

《后汉书、西域傳》安息国條：

“其東界木鹿城，号为小安息，去洛陽二万里”。

木鹿城即今之麦尔夫（Merv）。安息東界達到木鹿城，又临妫水，则大月氏与安息当也以妫水为界。大月氏的疆界难以推定者是其東界与北界。

《汉书、西域傳》：

“休循国治飛鳥谷……西北至大宛九百二十里”。

《史记、大宛列傳》：

“大宛……西则大月氏，西南则大夏”。

据此，大宛之西方、南方及東南方与大月氏、大夏、休循三国相接。休循之西，大宛之南，其地仍为大夏所有。在这一地区大月氏与大夏的

20×20=400　　安徽师范大学稿纸

疆界在什么地方，很难确指。

大月氏"北与康居接"。两国国界究在何處，乃學者聚讼不决的问题。这也即是撒马尔干是否屬大月氏的問題。若撒马尔干不屬于大月氏，则两国可能以鉄門为界。反之，则两国的国界当在撒马尔干以北。对于这个問題，我以为張騫使大月氏時，撒马尔干应屬大月氏，而不屬康居。《史記．大宛列傳》：

"康居国在大宛西北可二千里，行国，与大月氏同俗，控弦者八九万人。国小，南羈事月氏，東羈事匈奴。"

康居"東羈事匈奴"，它的東境当与匈奴相接近。《汉书·西域傳》云：大宛国"北与康居，南与大月氏接"。又云：烏孫"西北与康居"接。康居的土地達到大宛和烏孫之北及西北。烏孫的西部是在热海南岸地方。热海西岸和北岸地區应都屬康居。如果撒马尔干地方又为康居所有，则其疆域很大，不能説它"国小"。同時，康居又"羈事月氏"，则当時大月氏国力应仍不小。如撒马尔干地方不屬于大月氏，它的疆域仅限于铁门以南及妫水北岸地区，则疆境似不免过小，不足以成为大国。所以我们认为撒马尔罕地方应该是为大月氏所有。斯特拉伯（Strabo）地理书云：

"And they also held Sogdiana, situated above Bactriana toward the east between the Oxus River, which forms the boundary between the Bactriana and the Sogdiana, and the Jaxartes River. And the Jaxartes River forms also the boundary between the Sogdiana and the nomads"。

"他们（指大夏人）也领有北方偏东妫水和药杀水之间的粟特。妫水是大夏和粟特的疆界。药杀水是粟特和游牧民族的疆界"。

据此，粟特乃是妫水（今阿姆河）与药杀水（今锡尔河）之间的地方。其地原为大夏所有。大月氏迁来，击服大夏，占有妫水以北之地，而与大夏以妫水为界。则所有妫水与药杀水之间的粟特都为大月氏所占领，甚为明白。在陕骞西使時，撒马尔干属于大月氏，似无可疑。大月氏与康居也以藥殺水为界。

《史记·大宛列傳》说大月氏都妫水北为王庭。我们以为其王庭就在撒马尔干。《史记·大宛列傳》说，大月氏"地肥饶，少寇，志安樂。"这自是指其王庭所在的地方而言。在妫水与藥殺水之间地區，其土地肥饒者只有撒马尔干附近之地。其它没有与之相当者。唐玄奘西行時，親自路过这一帶地方。《大唐西域記》記述鐵門以南，妫水以北，咀密，赤鄂衍那，忽露摩，愉漫，鞠和衍，鑊沙，珂咄羅諸國，无一是可以称得上肥饒的。而其述撒马尔干的情况云："地沃壤，稼穑备植，林树蓊鬱，花果滋茂。"与《史记》所说"地肥饶"正相合。可知大月氏王庭必在撒马尔干。

还有一个问题：张骞使大月氏時，大月氏是只佔有妫水以北地方，还是已征服大夏全土。这也就是自张骞使大月氏時代以后，大月氏的国势有没有变化。对这个问题，学者意见也不一致。有人认为没有变化，有人认为有变化

《史記·大宛列傳》：

“大月氏在大宛西可二三千里，居妫水北。其南則大夏，西則安息，北則康居。行國也。隨畜移徙，與匈奴同俗。控弦者可一二十万。故時强，輕匈奴。及冒頓立，攻破月氏，至匈奴老上单于，殺月氏王，以其頭為飲器。始月氏居敦煌祁連间，及為匈奴所敗，乃远去。过宛，西击大夏而臣之，遂都妫水北，為王庭”。

又：

“大夏在大宛西南二千餘里，妫水南。其俗土著，有城屋，与大宛同俗。無大君長，往往城邑置小長。其兵弱，畏战。善賈市。及大月氏西徙，攻敗之，皆臣畜大夏。大夏民可百餘万。其都曰藍市城，有市販賈諸物”。

《汉书·西域傳》：

“大月氏國治監氏城，去長安万一千六百

里，不属都護。户十万，口四十万，胜兵十万。東至都護治所四千七百四十里，西至安息四十九日行，南与罽賓接。土地風氣物类所有，民俗、钱貨与安息同。出一峯橐駝。大月氏本行国也，随畜移徙，与匈奴同俗。控弦十餘万。故彊，轻匈奴。至冒頓单于攻破月氏，而老上单于殺月氏，以其頭为飲器，月氏乃远去，过大宛，西击大夏而臣之。都妫水北为王庭。其餘小衆不能去者保南山羌，号小月氏。大夏本無大君長，城邑往々置小長。民弱畏战，故月氏徙来，皆臣畜之。共禀汉使者。有五翖侯，一曰休密翖侯……二曰双靡翖侯……三曰貴霜翖侯……四曰肸頓翖侯……五曰高附翖侯……凡五翖侯，皆属大月氏。

有的學者比較《史记》和《汉书》的记载，认为《汉书》大部分是抄襲《史记》的，不过将《史记》关于大月氏和大夏的记载合而为一，文字稍加整理改变而已。除五翖侯外，几没有新

20×20=400 安徽师范大学稿纸

情的事实。因此，他们认为张骞西使时，大月氏就已征服大夏全境，以后大月氏的情况没有什么变化[16]。

我们认为在张骞西使以后，大月氏国势是有变化的。《汉书》记述大月氏和大夏事诚多是抄袭《史记》的，但不能据此便谓《史记》时代到《汉书》时代大月氏的形势没有变化。《汉书》对于西域各国的记述，除了有些国家政治上与汉有交涉者，记述其事实之外，大多都只是平面的叙述而已。即多只记其都邑、四境、山川、道里、风俗、户口、胜兵等情况，很少记载其历史。其所以如此，乃是因为《汉书》所记的多是根据西域都护的调查和使臣的口述。都护的调查和使臣所目即，自然多只是当时的情况，很少涉及过去的历史。所以，执《汉书·西域传》的记载断定大月氏国势有无变化，根据是不充分的。

《汉书》和《史记》的记载实有不同。

(1)《史记》说大月氏都妫水北为王庭，

《汉书》说大月氏都妫水南监氏城。

監氏市（史记作藍市城）《史记》说是大夏的都城。

(2)《汉书》所述大月氏的疆域四至与《史记》不同。

(3)《史记》有大夏国名，并记载其疆界、都城、人口。《汉书》没有这些记载。

(4)《史记》无五翖侯，《汉书》有。

这些不同的情况，我們以為就是在張騫西使以后，大月氏国势发展的结果。張騫是親自到过大月氏和大夏者，他的報告應是真实可信的。当時大夏国境和都城猶可確指，人口猶大致可知。大夏猶有土地、人民，似不能不承认其国家依然存在。《史记·大宛列傳》大月氏和大夏分開叙述，而張騫又親由大月氏至大夏。这都是说当時大夏没有完全滅亡。反之，如当時大夏已全為大月氏所征服，大夏和大月氏即是一国，張騫便不能知道其疆界，尤其不能指出大夏与大月氏之間的国界。《史记·大宛列傳》说大月氏"西击大夏而臣之"，又云："及大月氏西徙，攻敗之，皆臣畜大夏。"大月氏西徙時，蓋只击敗大夏，使它臣服，並沒有將大夏全部滅掉。当時大月氏实只有媯水北岸地區，媯水南之大夏只是臣服于大月氏。在張騫使大月氏以后，大月氏国势发展，才征服大夏全境。其都城也由媯水北迁至媯水南的藍氏城。

（二）張騫使大月氏的年代及其往还的路線

張騫使大月氏，其出发是汉武帝建元三年（公元前138），归汉是汉武帝元朔三年（公元前126年）。

《史記·大宛列傳》：

"騫以郎应募，使月氏。与堂邑氏胡奴甘父俱出隴西。經匈奴，匈奴得之，傳詣单于，单于留之……留騫十餘歲，与妻有子，然持汉節不失。居匈奴中，益寬，騫因与其屬亡鄉月氏，西走數十日，至大宛。大宛聞汉之饒財，欲通不得，見騫喜。問曰：若欲何之？騫曰：為汉使月氏，而為匈奴閉道，今亡，唯王使人導送我。誠得至，反汉，汉之賂遺王財物，不可勝言。大宛以為然，遣騫，為发導驛抵康居。康居傳致大月氏。大月氏王已為胡所殺，立其太子為王。既臣大夏而居，地肥饒，少寇，志安樂。自以远汉，殊無報胡心。騫从月氏至大夏，竟不得月氏要領。留歲餘还。並南山，欲从羌中归，復為匈奴所得。留歲餘，單于死，左谷蠡王攻其太子自立，国内亂。騫与胡妻及堂邑父俱亡归汉。……初騫行時百餘人，去十三歲，唯二人还。"

这是張騫使大月氏往来的情况。張騫使大月氏，往来共十三年。~~據《史記、匈奴列傳》，~~他归国是匈奴單于死，匈奴发生内亂的一年。據《史記、匈奴列傳》，匈奴軍臣單于死，其弟左谷蠡王伊稺斜攻太子於單，自立為單于，是在汉武帝元朔三年（公元前126年）冬。張騫归汉當在这一年。汉在元朔年间，还是用顏顓历，以十月为岁首，冬是一年的第一个季度。張骞归汉当在元朔三年初。从元朔三年上推十三年为建元三年（公元前138年）。張骞元朔三年归汉，归汉前留匈奴"岁馀"，则他从大月氏東归當在元朔二年（公元前127年）。他从大月氏東还前，留大月氏及大夏"岁馀"，则他从匈奴逃抵大月氏当在元朔元年（公元前128年）。他为匈奴所拘留当是从建元三年（公元前138年）到元朔元年（公元前128年）。

張骞使大月氏往还的路線，往時，到大宛取道疏勒，当无问题。因为这是通大宛的大道。張骞东归，《史记．大宛列傳》说："並南山，欲从羌中归"，又叙述了于闐、扞罙、樓兰等地的情况。他是从南道回来的也當无问题。这里只有張骞往大月氏時，从匈奴到疏勒由哪條道路没有记载，不清楚。北道焉耆、龟兹、姑墨都是北道当道的重要国家，張骞没有提及。因此，有的學者认为他不是經由北道而是由南道往大月氏的。《史记．大宛列傳》云："樓兰、姑师、邑有城郭，临盐澤"。姑师就是車师。因此，有的学者又说，张骞既知道车师，则他应该是由此道往大宛的⑱。

这个问题很不容易解决。因为《史记》和《汉书》的记载有的地方难以作出正确的解释。我疑经由南道可能比较近乎事实。这里需要研究的是姑师，即姑师是否即指车师前部所在的交河城（今吐鲁番）。如姑师是指交河城，则张骞可能是从此道往大月氏的。否则，不能因他提到姑师，便可以断定他是经由此道的。

《史记、大宛列传》说楼兰、姑师"临盐泽"，即这两国都在盐泽沿岸的地方。《汉书、西域传》云："鄯善国本名楼兰，王治扜泥城，……西北去车师千八百九十里。"车师去楼兰千八百九十里，临盐泽的姑师显不是交河城的车师。

《汉书、西域传》：

"初，武帝感张骞之言，甘心欲通大宛诸国，使者相望于道，一岁中多至十余辈。楼兰、姑师当道，苦之，攻劫汉使者王恢等。又数为匈奴耳目，令其[illegible]遮汉使。汉使多言其国有城邑，兵弱易击。於是武帝遣从票侯赵破奴将属国骑及郡国兵数万击姑师。王恢数为楼兰所苦，上令恢佐破奴将兵。破奴与轻骑七百人先至，虏楼兰王，遂破姑师。以兵威胁乌孙大宛之属。还封破奴为浞野侯，恢为浩侯。"

赵破奴和王恢进攻姑师，同时又进攻楼兰，并且俘虏了楼兰王。《史记·建元以来功臣侯表》："从骠侯以匈奴将军元封三年击楼兰復侯。""浩侯王恢以故中郎将将兵捕得車师王侯。"据此，姑师王也被俘虏。徐松以为楼兰姑师二王都被虏⑲。这次战争，一战破两国，虏二王。由这种情况看，姑师与楼兰显然相邻近。《汉书·西域傳》：

"天汉二年，以匈奴降者介和王为开陵侯将楼兰兵，始击車师。"

天汉二年（公元前99年）汉才开始击車师，则元封三年（公元前108年）赵破奴和王恢所击的姑师必不是交河城的車师。

20×20=400　　安徽师范大学稿纸

《史记·大宛列傳》：“楼兰姑师当道”。姑师是位于通往西域的孔道上，为往来西域者所必經。《汉书·西域傳》述往西域的道路：“自玉門陽关出西域有两道：从鄯善傍南山北波河西行至莎車为南道。……自車师前王庭随北山波河西行至疏勒为北道”。西汉時代，尤其汉武帝時代，汉與西域交通往来是否經由車师前王庭呢？不是的。《魏略·西戎傳》⑳述西域交通路線有南中新三道：

> “从玉门关西出，經婼羌轉西，越葱嶺，經縣度入大月氏为南道。从玉门关西出——到故楼兰，轉西詣龜茲至葱嶺为中道。从玉門关西北出，經横坑，辟三隴沙及龙堆，出五船北，到車师界戊己校尉治所高昌，轉西与中道合龜茲为新道。

按《汉书·西域傳》：

> “元始中（公元前1—5年），車师后王國有新道出五船北，通玉門关，往来差近。戊己校尉徐普欲開以省道里之半，避白龙堆之阨”。

20×20=400　安徽师范大学稿纸

39

据此，北道係汉宣帝以后才開辟的。在此以前，汉与西域往来实是由南道及中道。很明显，汉武帝時，車师还不是在汉通西域的孔道上。这也可知姑师必不是指交河城的車师。然则，姑师究何所指呢？《汉书·西域傳》云：

“及破姑师，未尽殄，分以为車师前王后王及山北六国。”

照这的话讲，車师前后王及山北六国都是姑师分裂出去的，则姑师的疆域原先是很大的。可能在汉武帝時，它的领土有一部分达到盐泽附近。如这种推测不误，则上述的一些矛盾便可以解释。姑师临盐泽，当道，乃是指其一部分土地而言。張骞所説的姑师是在盐泽附近，与楼兰邻接，则仍属南道。張骞前往大月氏盖是经由南道的。

## 二　張骞使乌孙

張骞使大月氏，不得要领而还。汉联合大月氏共同抵御匈奴的目的没有达到。是后，汉

20×20=400　　安徽师范大学稿纸

连年出兵进攻匈奴。元狩二年（公元前121年），匈奴昆邪王降汉，汉取得河西地。元狩四年（公元前119年），汉又大举深入，击走匈奴于漠北。这时候，汉武帝又屡次询问张骞大夏等国的情况。于是张骞又建议联结乌孙，招它东来居昆邪王地。如果乌孙听从，这可以"断匈奴右臂"，而且可以与西方大夏等国联合。汉武帝採纳了张骞的建议，又派他往乌孙。

乌孙之民族，学者有人认为即古代的允姓之戎。《水经注·山水地泽》：

"春秋传曰，允姓之姦居于瓜州。瓜州，地名也。杜林曰，敦煌古瓜州。州之贡物，地出好瓜，民因氏之。瓜州之戎并于月氏者也"。

据《汉书·张骞传》，大月氏在西迁大夏前，所吞并者只有乌孙，所以乌孙就是"允姓之姦"。不少人信从此说㉑。

这实完全是错误的。非特乌孙不是允姓之戎，允姓之戎也不居敦煌。以敦煌为古瓜州，始于杜林。《汉书·地理志》敦煌郡自《注》

41

云：“杜林以为古瓜州，地生美瓜。”杜预注《左傳》便以为其地为允姓之戎所居之瓜州。后世学者遂相沿不改。按襄公十四年《左傳》：

“十四年春，吴告败於晋，会於向……将执戎子驹支。范宣子親數诸朝曰：来！姜戎氏。昔秦人迫逐乃祖吾离于瓜州，乃祖吾离被苫盖，蒙荆棘，以来归我先君。我先君惠公有不腆之田，与汝剖分而食之。今诸侯之事，寡君不如昔者，盖言语漏泄，则职汝之由。诘朝之事，尔无与焉，与将执汝。对曰：昔秦人负恃其众，贪于土地，逐我诸戎。惠公蠲其大德，谓我诸戎是四岳之遗胄也，毋是翦弃，赐我南鄙之田，狐狸所居，豺狼所嗥。我诸戎除翦其荆棘，驱其狐狸豺狼，以为先君不侵不畔之臣，至于今不贰。”

昭公九年《左傳》：

“周甘人与晋阎嘉争阎田。晋梁丙、张趯率阴戎伐颍。王使詹伯辞於晋曰：……昔

20×20＝400　　安徽师范大学稿纸

先王居梼杌於四裔，以禦螭魅，故允姓之姦居於瓜州。伯父惠公归自秦，而诱以来。使逼我诸姬，入我郊甸，则戎焉取之。戎有中国，谁之咎也。后稷封殖天下，今戎制之，不亦难乎！

据此，允姓之戎原居瓜州。秦人贪其土地，迫逐诸戎，晋惠公迁之於晋。《后汉书·西羌傳》：

"后九年，陆浑戎自瓜州迁於伊川，允姓戎迁於渭汭，东及轘辕。在河南山北者号曰阴戎。"

据此，允姓之戎，陆浑之戎和阴戎原都是居于瓜州的戎人，也是同时迁徙的。秦晋迁陆浑之戎于伊川，是在鲁僖公二十二年，即晋惠公十三年，秦穆公二十三年（公元前638年）。可知允姓之戎，陆浑之戎和阴戎都是为秦穆公所迫逐而迁徙的。秦穆公"贪于土地"而迫逐诸戎，则诸戎所居的瓜州之地必为秦穆公所占据。秦至始皇极盛时期，其西境仅及於陇西、安定，犹未越过黄河，怎公穆公时竟能达到敦煌呢？

这为事实所公允，至为明白。允姓之戎所居的瓜州当在春秋时秦国的境内，与敦煌风马牛不相及。以允姓之戎所居的瓜州为敦煌，显然是望文生说，没有深考。允姓之戎既不是居于敦煌，可知它与乌孙实毫无关系。

近代学者又或谓乌孙是亚利安人，或谓是突厥族。

《汉书·西域传》颜师古《注》云：

"乌孙于西域诸戎，其形最异。今之胡人青眼赤须，状类猕猴者本其种也。"

有人据此便谓乌孙是亚利安人(22)。颜师古之说不知何所根据。隋唐时代，乌孙国早已不复存在，已看不到乌孙人。颜氏说当时胡人青眼赤须，状类猕猴者为乌孙之后裔，显系臆说。

乌孙为突厥族，我以为比较可信。《焦氏易林》云：

"乌孙氏女，深目黑丑，嗜欲不同，过时无偶。"

这是汉人所述乌孙人的状貌。汉时，乌孙与汉和亲，关系密切，其人有来汉者，当时人所述的乌孙人的状貌实为可恶。这里说"乌孙氏女，深目黑丑"，明显是突厥人的形像。

《汉书·張騫傳》说乌孙昆莫的父親为大月氏所灭时，昆莫新生。他的傅父布就翎侯抱着他逃亡，放置草中，去为觅食，回来时，看到狼哺乳他，以为神，把他抱回去。按突厥人和高車人都傳说他们是狼的子孙。可见这种神话乃是突厥族普遍的傳说，当是同出一源。乌孙的傳说与突厥族相同，也足证它是突厥族。

乌孙故地[65]，《史记·大宛列傳》云：

"昆莫之父，匈奴西边小国也。"

没有明确说在什么地方。《汉书·張騫傳》：

"昆莫父难兜靡，本与大月氏俱在祁連敦煌间，小国也。"

《汉书·西域傳》：

"始張騫言，乌孙本与大月氏共在敦煌间。"

颜师古说在"祁連山以东，敦煌以西"(《汉书·張騫傳注》)。这是因为他以祁連山为天山的缘故。《史记·匈奴列傳》："定楼兰、乌孙、

45

呼揭及其旁二十六国皆为匈奴。《正义》云：

"二国皆在瓜州西北。乌孙战国时居瓜州
。"

張守節盖信乌孙即允姓之戎，所以说乌孙战国时居瓜州。说乌孙和呼揭皆在瓜州西北，此颜师古说略同。

近代研究这个问题者也有不同的意见。

一说乌孙故地是今甘肃安西。《后汉书·西羌傳》说湟中月氏胡旧在張掖、酒泉地。《史記·驃騎將軍列傳》："驃騎將軍踰居延，遂过小月氏攻祁連山。"可知張掖、酒泉原为月氏居地。乌孙与大月氏共居敦煌祁連間，東方的酒泉、張掖既为大月氏所占，便不能再容纳乌孙。乌孙只在大月氏之西，即敦煌之地。乌孙大概是游牧于布隆吉尔河流域的㉓。

一说乌孙故地是在張掖。《史記·大宛列傳》張騫建议联合乌孙云：

"今单于新困於汉，而故渾邪地空無人。蛮夷贪汉財物，今誠以此時而厚幣賂乌孙，招以益东，居故渾邪之地，与汉结昆

20×20=400　　安徽师范大学稿纸

弟，其势宜听。听则断匈奴右臂也。"

《汉书、張骞傳》：

"今单于新困于汉，而昆莫地空。蛮夷恋故地，又贪汉物，诚以此时厚赂乌孙，招以东居故地，汉遣公主为夫人，结为昆弟，其势宜听，则是断匈奴右臂也。"

《史记、大宛列傳》，張骞说乌孙昆莫云：

"乌孙能东居故浑邪地，则汉遣翁主为昆莫夫人。"

《汉书、西域傳》：

"乌孙能东居故地，则汉遣公主为夫人，结为昆弟，共距匈奴，匈奴不足破也。"

《汉书》与《史记》所说的是同一事，而且同是張骞的话。《史记》"故浑邪地空无人"，《汉书》作"昆莫地空"。《史记》"招以益东居故浑邪之地"，《汉书》作"招以东居故地"。《史记》"乌孙能东居故浑邪地"，《汉书》作"乌孙能東居故地"。由此可知，匈奴浑邪王之地原即是昆莫之地。《汉书、地理志》張掖郡自《注》云："故匈奴昆邪王地。"所以乌孙故地当

20×20=400　　安徽师范大学稿纸

在张掖。乌孙当是游牧于额济纳河流域者㉔。

一说乌孙故地是在敦煌安西以西今哈密、镇西、乌鲁木齐之地。这是信从颜师古和张守节之说。另外，冒顿致汉文帝书云：“定楼兰、乌孙、呼揭及其旁二十六国皆以为匈奴。”乌孙当与楼兰相近。楼兰、呼揭都在匈奴之西，所以乌孙当在今哈密、镇西乃至乌鲁木齐地区为当㉕。

乌孙的故地何在，确实是个难以断定的问题。昆莫之父难兜靡与大月支俱在敦煌祁连之间，我们不能不承认乌孙的故地当在此范围之内。匈奴冒顿单于致汉文帝书：“定楼、乌孙、呼揭及其旁二十六国，皆其倍家”，又不能不认为乌孙当与楼兰、呼揭等相近。《汉书》改《史记》浑邪王故地为昆莫故地，又不能不承认昆莫故地后就是浑邪王的居地。我觉得必须把这三种记载解释得通顺无碍，方为合理。我们统观《史记》和《汉书》的记载，其情况是这样：即昆莫父难兜靡和昆莫所居不是一地。《史记》说：“昆莫之父匈奴西边小国也。”《

汉书》说：“昆莫父难兜靡与大月氏俱在敦煌祁连间”。不说乌孙而说“昆莫之父”。《汉书》说：“昆莫地空”，不说乌孙地空。从这些用词来看，昆莫的居地与其父难兜靡的居地似有区别。如这种考察不误，则问题便可以得到解释。《汉书》张骞传》说难兜靡与大月氏俱在祁连敦煌间。《汉书·西域传》说与大月氏共在敦煌间。难兜靡居地当就在敦煌。难兜靡居地在敦煌，自与楼兰等国相近。难兜靡为大月氏所灭，其土地自也为大月氏所吞併。昆莫的土地是匈奴给予他的。匈奴与昆莫土地时，大月氏还在敦煌祁连间，不可能将昆莫父亲难兜靡的土地给予他。所以昆莫的居地不是他父亲的居地，而是另外的地方。《史记·大宛列传》：

“及壮，使将兵，数有功。单于复以其父之民予昆莫，令长守西城。

据此，匈奴单于给予昆莫的地方应是西城。《史记·大宛列传》又云：

“是岁（元狩二年）汉遣骠骑将军破匈奴

西域数万人，至祁连山。

据此，西域当在祁连山以东。这还是在张掖郡境内，也即是浑邪王的地方。乌孙昆莫在他没有西徙以前，居于张掖境内，当是事实。

大月氏为匈奴老上单于所破，自敦煌祁连间西徙，击走塞王而居有其地。后乌孙昆莫又击走大月氏，大月氏西徙大夏，其地又为乌孙昆莫所居。乌孙自此就脱离匈奴，自己建立国家。

乌孙学者多以为是在伊犁河流域地方。现在有许多教科书也都这样说。清徐松谓乌孙是在天山之阳。徐氏《汉书西域传补注》云：

“乌孙之境，西自捐毒之北，东逾焉耆之北，旁白山之阳，亘三千五百余里。”

徐氏的根据有下列几点：

（1）《汉书·西域传》云：“温宿国北至赤城六百一十里。”汉代温宿即今之阿克苏。自阿克苏到伊犁沙图山口已六百六十五里，可知乌孙北境不得逾特克斯河。（《西域水道记》）

（2）《汉书·陈汤传》云：匈奴郅支单于侵

20×20=400　　安徽师范大学稿纸

陵乌孙、大宛，如得此二国，北击伊列，西取安息，南排月氏、山离乌弋。可知伊列乃别是一国，在乌孙之北。乌孙必不居伊犁河流域之地。（《西域水道记》）

（3）《北魏书·西域傳》云，乌孙居赤谷城，“后徙葱岭山中”。伊犁远在葱岭北，不能说西徙葱岭山中。西徙葱岭山中，其地必在天山之南。（《汉书西域傳補注》）

（4）《汉书·西域傳》云，汉使魏如意、任昌及楚主解忧谋杀乌孙狂王时，肥王翁归靡胡妇子乌就屠，“居北山中”。北山即天山。乌孙称天山为北山，可知乌孙必在天山之南。（同上）

（5）《汉书·西域傳》谓乌孙赤谷城东至都护治所千七百二十一里。伊犁河对都护治所乌垒城之方位是北与西北。这里说赤谷城的位置是在乌垒城之西。乌孙赤谷城必不在天山之北。（同上）徐氏以为“今阿克苏城北塔山，土色纯赤”，疑即是赤谷城。

徐氏所见不能不说具远眼。《汉书·西域傳》

20×20=400　　安徽师范大学稿纸

，捐毒、溫宿、姑墨、龟兹，今耆都“此与乌孙接”。可見乌孙的疆域必定達到天山之南。捐毒乃人口十一百之小国，疆土非常狭小，如乌孙在伊犁地方，决不能与之接壤，这非乌孙在天山之南不可。

《新唐书·地理志》載贾耽《皇華四達記》云：

“大石城一曰于祝，曰温肃州。又西北三十里至粟楼烽。又四十里度拔達嶺，又五十里至頓多城，乌孙所治赤谷山城也。又西北三十里度真珠河。”

唐代的温肃州為现在的乌什[26]。真珠河為納林河。若据此说，赤谷城当在今乌什西北一百二十里拔達嶺和纳林河之间。再就汉与乌孙的交涉看，汉武帝以后，乌孙的政治几无不有汉西域都護參預其间。都護之兵曾三度進入赤谷城。一為鄭吉救楚主解憂之困；一為甘延寿、陈湯讨匈奴郅支單于，兵过赤谷城；三為孫建襲殺卑爰疐。此外还有常惠将三校屯赤谷城，段會宗斬乌孙太子番邱。这都可以看出赤谷城与

20×20=400　　安徽师范大学稿纸

天山南路相近，交通方便。《汉书、陈汤传》：“其三校都護自將，发温宿，从北道，入赤谷，过乌孙。”也可知赤谷城离温宿不远。近代學者多谓赤谷城在热海東南岸和纳林河之间。赤谷城的位置现在雖还不能确指，但在这一区域之内，当无问题。

學者谓乌孙在伊犁地方是根据《魏略、西戎傳》和《后汉书、西域傳》推测的。《魏略、西戎傳》：

“車师后部，王治於賴城……轉西北則乌孙、康居。”

《后汉书、西域傳》：

“前部通焉耆北道，后部西通乌孙。”

車师后部是现在的孚远。由此沿天山北，经由乌鲁木齐到伊犁，是后世的大道。學者便由此推测乌孙在伊犁㉗。

这实是错误的。西汉時，汉与乌孙往来实都由天山南路，没有由車师后部及天山北者。

《汉书、常惠傳》：

“天子以惠奉使克獲，遂封惠為長羅侯，

復遣惠持金幣还賜烏孫貴人有功者。惠因奏請：龟兹國常殺校尉賴丹，未伏誅，請便道击之。宣帝不許。大將軍霍光風惠以便宜从事。惠与吏士五百人俱至烏孫。还，过发西國兵二万人，令副使发龟兹東國二万人，烏孫七千人，從三面攻龟兹。

常惠使烏孫，請便道击龟兹，既曰"便道"，則他已路过龟兹。他返汉時，又发龟兹東西國兵击龟兹，他往还是都由天山南，而不是由师車后部。

《汉书，西域傳》：

時烏孫公主遣女來至京师，學鼓琴。汉遣侍郎樂奉送主女，过龟兹。龟兹前遣人至烏孫求公主，未还。会女过龟兹，龟兹王留不遣，復使使报公主，公主許之。

汉使送烏孫女回烏孫，路过龟兹。这更显然汉往烏孫是由天山之南，不是由車师后部。

《汉书、西域傳》：

“小昆弥乌就屠死，子拊离代立，为弟日贰所殺。汉遣使立拊离子安日为小昆弥。日贰亡，阻康居。汉徙己校屯姑墨，欲候便討焉。”

戊己校尉原屯田于車师。若乌孙果在伊犁地方，则汉兵可径由車师直接循天山北往乌孙，何必徙己校于姑墨呢？这乃因为乌孙在山南，姑墨与之相接近，所以汉徙己校于姑墨，可以便于进军。

《汉书．傅介子傳》：

“先是，龟兹、楼兰皆尝殺汉使者，……至元凤中，介子以骏马监求使大宛，因诏令责楼兰、龟兹国。介子至楼兰，责其王教匈奴遮殺汉使，大兵方至。王苟不教匈奴，匈奴使过至诸国，何为不言？王谢服，言匈奴使属过，当至乌孙，道过龟兹。介子至龟兹，复责其王，王亦服罪。介子从大宛还到龟兹，龟兹言匈奴使从乌孙还在此。介子因率其吏士共诛斬匈奴使者。”

据此，不特汉使往来乌孙道由天山南，匈奴与乌孙往来也经由天山南。

《汉书·西域傳》：

“北道西踰葱嶺，則出大宛、康居、奄蔡、焉耆。”

据此，西汉时，汉往康居也是由天山南。

前面曾举《魏略·西戎傳》说西域有南、中、新三道。西汉时，汉与西域往来是由南和中两道，新道是西汉末年以后才開闢的。《魏略·西戎傳》和《后汉书·西域傳》所说的車师后部通往乌孙和康居，乃是后汉时代的情况。徐松说这是因为迪化（乌鲁木齐）以西有乌孙土地（28）。所以根据《魏略·西戎傳》和《后汉书·西域傳》说乌孙在伊犁地方，是不正确的。

乌孙的疆域四至，《汉书·西域傳》云：

“東与匈奴，西北与康居，西与大宛，南与城郭諸國相接。”

乌孙南与城郭諸國交界。徐松说北山之陽，城郭諸國之北都是乌孙的土地。乌孙的領土北界達到什么地方，史无記載。徐松説烏孫北境不得踰特克斯河，則今特克斯以南，天山山脉都是烏孫的領土。

烏孫的東界，《水經注·河水》云：

"大河又东，右會敦薨之水。其水出焉耆之北，敦薨之山。在匈奴之西，烏孫之東。"

敦薨水即現在的珠勒都斯河。敦薨山即現在的珠勒都斯山。此山在匈奴之西，烏孫之東，烏孫和匈奴當以此山為界。《汉書·西域傳》謂烏貪訾離國"西与烏孫接"。徐松謂烏貪訾離約在車师西三四百里，正當博克達山中。这也可以証明烏孫东界當在珠勒都斯山附近。

烏孫西界，《汉書》說"西北与康居，西与大宛接"。但它的疆界達到什么地方，難以确指。

《汉書·西域傳》

"捐毒國治衍敦谷……南与葱嶺屬，無人民，西上葱嶺則休循也。西北至大宛千三十里，北与烏孫接。"

捐毒國西与休循交界，北与烏孫相接，而休循不与烏孫接壤。烏孫的西界当在捐毒与休循之间。捐毒是现在的伊尔克斯坦，西上就是葱嶺，烏孫西界当達到葱嶺之东。

《汉书·陳湯傳》：

“汉兵胡兵合四万余人……即日引軍分行。别为六校，其三校从南道，踰葱嶺，徑大宛；其三校都護自將，发温宿，從北道入赤谷城，過烏孫，涉康居界，至闐池西。而康居副王抱闐將數千騎寇赤谷城東，殺略大昆彌千余人，驅畜产甚多，從后与汉軍相及，頗寇盗后重。湯縱胡兵擊之，殺四百六十人……又捕得抱闐貴人伊奴。入康居東界，令軍不得為寇……未至單于城可六十里止營。”

烏孫与康居间的疆界由此可约略推見。闐池即現在的热海。甘延寿、陳湯軍从赤谷城前往康居都賴水上匈奴郅支單于的居地，他們進軍的路線是由热海南还是由热海北，學者意見不一。沙畹（E. chawanes）說：“平常道路在此湖北，湖南通行甚难”[34]。若如沙畹所說，甘延寿和陈汤进军似应由热海北岸。我们推敲《汉书》所述的情况，他们进军当由热海南岸。《汉书》说："涉康居界至阗池西。"如甘延寿和陈汤进军是由阗池北岸，则他们必须要由阗池东岸北行，才能转到北岸，不能到达西岸。此云"至阗池西"，这只有从阗池南岸进军才行。《汉书》说："康居副王抱阗将数千骑寇赤谷城东"，"从后与汉军相及，颇寇盗后重。"康居的军队何以能寇赤谷城以东呢？是从哪条路线来的呢？如果抱阗是取道阗池南岸，则他行军方向是由西向东，不能寇赤谷城以东。抱阗当是由阗池东岸南下的。赤谷城在热海南岸和纳林河附近地区之内，抱阗从热海东岸南下，所以能寇赤谷城以东。甘延寿和陈汤军由热海南岸向西前进，抱阗从热海东岸南下，转而向西，所以能抄汉军之后。康居抱阗王军从热海东岸南下去乌孙，则热海北岸之地当属康居。甘延寿和陈汤军由热海南岸之地进军，"涉康居界至阗池西"，则热海西岸之地也应属康居。乌孙西边与康居的国界当在热海南岸与西岸之间。

总起来看：从今伊尔克斯坦沿天山山脉以東至博克達山尔都是屬于烏孫。烏孫乃是游牧于天山山脈中者。

張騫使西域烏孫，是想要烏孫迁回昆莫的故地，与汉联合抵禦匈奴。但烏孫因离汉远，不知道汉的大小，又因靠近匈奴，長期以来服从匈奴，不愿再迁回故地。張騫的目的又没有達到。

張騫使烏孫的年代没有明确的记載。他建议联合烏孫是在元狩四年（公元前119年），他出发往烏孫当除在此以后不久。但是否就是元狩四年，不能确知。《汉书·張騫傳》说，張騫使烏孫回来，拜为大行。據《汉书·公卿百官表》，張騫为大行令是在元鼎二年（公元前115年），他可能就是这一年回来的。《通鑑》即繫于这一年。

張騫这次使烏孫的外交目的没有達到，但对開闢汉与西域的道路却有更大的意义。張騫这次使烏孫，汉武帝非常重视，看来也作了充分的準備，组织了一个龐大的使团，成員有三百人，有许多副使。《史记·大宛列传》说：“天子以为然，拜骞为中郎将，将三百人，马各二匹，牛羊以万数，赍金币帛直数千巨万，多持节副使，道可使使遗之他旁国。”汉武帝的目的不仅要去乌孙，而且要派使者到其他各国。張骞到乌孙后，派副使分别到大宛、大月氏、大夏、安息、身毒、于寘、扜罙及其他附近的国家。張骞回汉时，乌孙派人随他一同来汉。其他副使不久也都和那些国家的人一道来汉。於是汉与西域各国的往来道路便完全打通了。

自汉初以来，匈奴对汉安全的威胁一直是个严重的问题。汉对匈奴採取和亲政策，问题仍不能解决。这里最根本的原因是匈奴为游牧民族。他们是生活在草原和沙漠地区，是比較貧瘠的。他们总是要向富饶的农业民族进行劫掠和侵略。汉武帝改变和亲政策，想用武力对匈奴进行反击。但要击败匈奴也是相当困难的。当时，匈奴是个大国，不仅阴山以北的广大地区为它所有，天山以南的“城郭诸国”

也役属于匈奴，乌孙、大宛、康居等国也受推定。这样一个强大的国家，汉要击败它自然很不容易。此外还有一点更重要的，即匈奴是游牧民族，往来迁徙，没有固定的住地。他们作战是"胜则进，败则退"，不容易消灭它的主力。同时，匈奴的土地是草原和沙漠，汉人不能在那里居住生活，汉不能占领它的土地。这就所谓"得其民不足使，得其地不足以耕"。汉武帝用了很大的力量，终未能使匈奴屈服，原因即在于此。面对这种形势，汉要击败匈奴，最好的办法只有能在西方找到与国。这样，一方面可以削弱匈奴在西方的势力，一方面可以与之合力抗击匈奴。

張騫使大月氏和乌孙都没有达到汉所希望的目的。但以后汉仍继续执行这一政策。張騫打通通西域的道路以后，汉武帝就极力发展这条道路的交通，并保护其畅通无阻。張騫自乌孙回汉后，汉武帝便不断地派遣大批使者前往西域。并且鼓励人往西域去，不论什么人请求往西域者，汉武帝都给予他使者的名义，并

20×20=400　　安徽师范大学稿纸

给予他人員和財物。有許多人想往西經商牟利者也爭着前去。於是往西域的人很多。汉武帝又在渠犂和輪台設置使者校尉，派兵屯田，以保護和供給往来的使者。西域的道路便大開通。及至宣帝時，設置都護，保護南北兩道，於是汉与西域的道路便更暢通。

同時，汉在外交上也继续积极地活动。張騫使烏孫后不幾年，汉武帝元封年间（公元前110—145年），汉以江都王建女为烏孫昆莫妻，汉与烏孫便联合起来。元封三年（公元前108年），命趙破奴和王恢击破樓兰和姑師。太初元年到四年（公元前104—101年），又两次派李广利远征大宛，扩大汉在西域的势力和影响。及至宣帝時，汉终于与烏孫联合大破匈奴，使匈奴大为削弱。元帝時，甘延寿和陳湯追军康居，擊殺匈奴郅支单于于都賴水上，匈奴更大衰。匈奴对汉的威胁遂減緩。

1980年2月10日草于芜湖赭山

63

注：

①⑬⑯㉓ 参看白鳥庫吉：《西域史的新研究》

② 《史记·大宛列傳·正义》引

③ 参看白鳥庫吉：《西域史的新研究》、桑原騭藏：《張騫西征考》 藤田豐八：《月氏故地与其西移年代》

④ 又見《太平御覽》卷五十引段龟龙：《凉州記》

⑤⑨⑫⑮ 参看藤田豐八：《月氏故地与其西移年代》

⑥⑦ 《新斠注地理志》

⑧ 《史记·匈奴列傳·集解》引

⑩ 錢大昕：《廿二史考异》

⑲㉘㉙ 《汉书西域傳補注》

⑳ 《魏志·乌丸、鲜卑、东夷傳》裴松之《注》引

㉑ 桑原騭藏：《張騫西征考》 藤田豐八：《月氏故地与其西移年代》

㉒ 洪钧：《元史譯文證補》及吕思勉

20×20=400 安徽师范大学稿纸

：《中国民族史》

㉖㉚　《西突厥史料》

㉗　参看桑原骘藏：《张骞西使考》

# 胡澱咸传略

胡功録

胡澱咸（一九一〇—一九九〇），又名胡朝渤，字澥湄。安徽芜湖人。我国著名的历史学家，古文字学家。一九一〇年（农历庚戌年）正月初九生于芜湖县保沙乡胡湾村一书香世家，幼承庭训，学有根基，于兄弟六人中行四。父亲胡宗璆，饱读诗书，睿智博洽，虽居僻壤，但思想开明，雅重教育，曾在家乡创办新式学堂（两斋小学），又倾其家资，除留长子守持祖业外，其余五子悉令外出读书，后皆学有成就，所谓一门五教授，乡里传为美谈。

胡澱咸少有大志，年不足十一岁，便毅然辞别父母，只身徒步赴芜湖省立第五中学读书。虽布衣素食，但仍焚膏继晷，发奋诵读，每半年始一返。当此之际，二哥胡稼胎（曾任武汉大学、安徽大学文学院院长，北京大学教授）从香港大学毕业，慨然代父母担负起供诸弟读书之重任。胡澱咸得此力助，于江苏省立一中、南京中学完成中学学业，并于一九三〇年顺利考入『国立中央大学』历史系。一九三一年，他刚入大学不久，就发表了《青弋江流域概述》一文。次年，与同学陈瘦石合作翻译了荷兰裔美籍作家房龙所著的《世界地理》（全书五十余万字，胡澱咸译亚洲及东欧部分，二十余万字），由上海世界书局出版。当时《大公报》及上海《时事新报》副刊《学灯》均有介绍和评论，认为是较好的译本，有些地方优于傅东华译本。因学习成绩优异，他连续四年获得校系奖学金。一九三四年，他又依据英文本，参照法文本和德文本，独立翻译了卅余万字的《希腊哲学史》，并被选为优秀毕业论文。

大学毕业后，胡澱咸曾有半年失业在家，他再次认真研读了前四史和《资治通鉴》，并作了详细的笔记，这不仅加深了他中国古代史的修养，也促使他将中国古代史作为自己毕生主要的研究对象。一九三五年二月，他应聘去由柳翼谋先生主持馆务的江苏国学图书馆任编校。在馆两年中，他坐拥书城，经史百家，无所不读，又亲聆柳先生的指教，学业精进。期间，他协助柳先生完成了《首都志》的编撰，并发表论文《南京的佛寺与道观表》。

抗日战争爆发后，胡澱咸被迫结束了两年多相对平静的、充满学术趣味的工作，怀着对日寇的极大愤慨，辗转到了四川。先是在四川乐山中学任史地教员。两年中，他发表了《高齐为鲜卑人考》《北周赐姓考》《汉武帝独尊儒术考》等古史考证文章，认为北齐高氏，非旧史所谓是渤海人、蓨人、汉人，而是鲜卑人；旧史谓北周宇文泰赐功臣鲜卑姓，实是恢复鲜卑姓，谓赐姓乃唐人修史者的曲笔。这些论点，不仅纠正了旧史之误，也影响了北史及唐史的研究，受到史学界前辈顾颉刚、徐中舒等人的器重，也因此得于一九四〇年八月受聘到四川大学历史系任教，在文学院、法学院主讲中国通史，为历史系开设秦汉史。此间，撰写了数十万字的《秦史纲要》《两汉史纲要》，因教学水平优异，于一九四三年七月被提升为副教授。

抗战胜利后，胡澱咸婉拒四川大学的挽留和其他大学的邀请，怀着献身家乡教育的热忱，应聘于前国立安徽大学，在历史系、文学院主讲中国通史、世界通史、中国文学史、魏晋南北朝史。

中华人民共和国成立后，安徽大学由安庆迁至芜湖，后改名安徽师范学院。胡澱咸积极参与组织学生复课，并努力学习辩证唯物主义和历史唯物主义，试着以新的唯物史观指导自己的教学和科研，且所获甚丰。五十年代初，为更全面、深入地把握商、周两代的历史，他又开辟了一个新的研究领域——甲骨文和金文，对古文字的艰辛探索，使他的古史研究如虎添翼，其先秦史方面的论文也因增加了古文字的有力佐证而更显其学术价值。形成了史学和古文字学相得益彰，交相辉映的鲜明学术风格。一九五四年九月，他的一篇将史学研究与古文字研究融为一体的专论《殷代生产工具的研究》问世。在这篇十余万字的专论里，他考证出甲骨文「」字即是铁字的初文，这是甲骨文考释的一个重要发现，也是甲骨文考释的一大贡献。他是我国第一个考证出甲骨文铁字的人。在此文中，他又从甲骨文考证出殷商时代已有锄、铲、锹、锸、犁等农具，并推论，这些农具已是铁制的，且殷代已有牛耕。这是一个合乎逻辑的重要创见。此文曾被安徽省作为重要科研成果上报国家教育部。

一九五六年，他发表了史学论文《周室东迁考》；同年，独力撰写约四十万字的《中国古代及中世纪史》，成为当时全国高校通用的三部教材之一。一九五七年一月，他发表了两篇甲骨文考释文章《释眔臣》《释比》。认为甲骨文「」字是奴隶的「隶」字的本字，像奴隶痛苦流泪

之形，『臣』字乃『眔』字之省。从而以最真实可信的甲骨文资料，直接有力地证明了殷商时期是奴隶社会。胡澱咸所取得的这些科研成果，在当时安徽史学界是无与伦比的。这不仅确立了他在中国古代史、古文字学研究领域的学术地位，也对中国古史分期、殷商社会制度和土地制度等问题的研究，产生了巨大的影响，学者因此尊称他为『铁老』。

胡澱咸不仅是一位治学严谨、学识渊博的学者，也是一位深受学生欢迎、尊敬和爱戴的仁厚可亲、诲人不倦的好教师。他在大学执教五十年，其授课所用教材都是经过潜心研索后自编的，多为自己的心得或创见，从不囿于成说，他备课一丝不苟，厚积而薄发，课堂上的讲授都经过深思熟虑；他讲课，能熟练地将理论与史料结合，把古今中外融会贯通、条理清晰、语言生动简洁，深入浅出地把一些深奥的知识传授给学生；他循循善诱，使学生如沐春风。学生们不仅从他那里学到了专业知识，也学到了做人的道理和做学问的门径。甚至他那优美的板书，下课后学生都舍不得擦去，而留着欣赏、临摹。他对所辅导的青年教师满腔热忱，将自己几十年的教学经验毫无保留地传授给他们，并为他们逐字逐句地修改教案，答疑解难，其扶掖后进之诚堪为人师之楷模。一九五六年，胡澱咸因在教学、科研两方面所取得的优异成绩，作为安徽省史学界的杰出代表，被选为安徽省社会主义建设积极分子，旋即被任命为安徽师范学院历史系副主任。他为安徽师范学院历史系的建立与发展，为安徽史学人才的培养作出了杰出的贡献。

正当胡澱咸在学术上开始进入巅峰状态的时候，却于一九五七年被错划为右派。但胡澱咸以俯仰无愧的精神、坦荡的胸怀，平静地承受着加于他的种种不公正待遇。尤其难能可贵的是他仍以超人的顽强毅力坚持学术研究，即使是在『文革』时期，也从未间缀，人不堪其忧，他也不改其乐。一九六三年除夕夜，他看着自己浮肿的双腿，环顾面有菜色的妻儿，写下了『五十四岁今又过，蓬门冷壁岁云终』『心惨雀粒向妻子』『发短愁长催易白』等诗句，但也就在同一天晚上完成了《兮甲盘》《颂鼎》两篇金文考释文章，真正达到了『不以物喜，不以己悲』『脱心志于俗谛之桎梏』的境界。他的关于甲骨文、金文研究的文稿大多是在一九五七至一九七六年这极其艰难的二十年里完成的。他正是以这种坚强不屈的精神，以一个历史学家的深邃目光认定天意必不废斯文，一个国家只有尊礼科学文化而后方得昌盛，坚信中国的前途是光明的。

十一届三中全会以后，胡澱咸廿二载沉冤得以昭雪，并于一九八一年被提升为正教授，同时被聘为安徽师范大学首批硕士生导师。他不顾年逾古稀，沉疴在身，以全部热诚投入到学术活动中去。他抱病为历史系开设古文字选修课，作专题学术报告，参加全国及省学术会议，担任先秦史硕士生导师，昕夕握笔，整理撰写论文，不知老之将至。在此期间，他又发表了《马嵬驿事件真相》《四川青川秦墓为田律木牍考释》《试论殷代用铁》《释史》《释衣》《释鲁》等在全国史学界有影响的论文数十篇，所著甲骨文、金文考释一百余篇，数十万言，力辟陈说，阐发了自己的独创见解，从而在古文字学界独树一帜，自成体系，为推动学术的进步和繁荣作出了难能可贵的贡献，受到海内外学者的推崇。胡澱咸一生著述数百万言，虽获省教委科研基金资助，已整理完毕，但由于种种原因至今未能出版，实为一憾事。（胡澱咸先生所著近百篇甲骨文、金文方面的论文已编成《甲骨文金文释林》，于2006年由安徽人民出版社出版。次年，该书荣获中华人民共和国新闻出版总署颁发的首届『三个一百』原创作品奖）

胡澱咸热爱祖国，热爱中华民族的优秀文化。他始终深情地关注着祖国的前途，人民的命运，从不以自己的利害得失为念，表现了一个正直的知识分子『先天下之忧而忧，后天下之乐而乐』的高风亮节，他孜孜于学问六十余年，淡泊自守，终身未尝一藉时会毫末之助。他为人正派，刚正不阿，他常告诫子女『做人不可有傲气，但不能无傲骨』。他以一生的实践，保持了自己高尚的人格和气节。几十年来，他以精深的学术思想培养了一批又一批莘莘学子，堪称一代宗师。即使在重病缠身、卧床不起的晚年，仍然为研究生讲课，鞠躬尽瘁，死而后已。受业于他的三位硕士研究生裘士京、于琨奇、李修松，均已成为卓有成就的史学专家。

胡澱咸一九三七年与束际洪女士结婚。束际洪为著名历史学家束世澂之长女，毕业于金陵女子大学中文系，她秀外慧中，与丈夫几十年相濡以沫，共度时艰，堪为贤内助。胡澱咸有五男二女，均学有专长，成为社会有用之材。长子功節，为黑龙江省阿城制糖机械厂副厂长，享受国务院特殊津贴的高级工程师；次子功等为铜陵七〇一中学高级教师；三子功篪为安徽省第

七、八届政协委员，芜湖市二十八中校长，高级教师，中国教育学会体育科学研究会理事，全国优秀体育教师，全国优秀体育工作者，安徽省教育系统先进个人；四子功符为芜湖市中医药高等专科学校教师，除得其外祖父真传外，本人又潜心钻研，医道日精，热心为病家医治癌症和疑难杂症，享誉海内外；五子功籙为安徽师范大学图书馆古籍部副研究馆员；长女功箹为合肥市珠宝学校教师，小女功簌在上海易初摩托车公司安徽分公司工作。

一九九〇年元月二日晚，胡澱咸突发脑溢血，经抢救无效，于元月四日下午二时逝于芜湖弋矶山医院。安徽师范大学数百名师生员工及亲朋好友参加了他的遗体告别仪式。他的学生，著名历史学家、安徽师范大学校长张海鹏教授送有挽联：『释金唯谨，研甲唯勤，仰先生道德文章，恰似高山流水；立雪未终，传薪未绝，诲弟子诰盘史乘，何啻膏雨春风。』安徽师范大学图书馆馆长孙文光教授写有挽联：『八秩华龄，六旬执铎，四域春风传绛帐；廿载衔冤，百年心事，一编遗著惠学林。』

哲人不萎，风范长存，历史终于给这位正直清贫的历史学家作出了公正的结论。

# 附录

胡瀫咸先生全家福，摄于1955年。前排左起：左一长女胡功篘，左二小女胡功簌，左三五子胡功籙；二排左起：左一胡瀫咸先生的夫人束际洪女士，左二胡瀫咸先生，左三长子胡功節；后排左起：左一四子胡功符，左二次子胡功等，左三三子胡功篪。

1956年，胡澱咸先生因在教学、科研两方面所取得的优异成绩而当选安徽省社会主义建设积极分子。校方（安徽师范学院）安排胡先生于暑假去庐山度假。此幅照片摄于庐山。

胡澱咸先生与夫人東际洪女士。

胡漱咸先生在书房研读甲骨拓片。

胡瀓咸先生八十寿诞时所摄全家福。前排左起：左一小女胡功簌，左二胡瀓咸先生，左三胡瀓咸先生的夫人束际洪女士，左四长女胡功箹；后排左起：左一五子胡功籙，左二四子胡功符，左三长子胡功節，左四次子胡功等，左五三子胡功篪。

胡溵咸先生的长子胡功節（左）、三子胡功篪（中）、五子胡功籙（右）在商议父亲遗著整理和出版事宜。

二〇二〇年，是胡澱咸先生在全国率先考证出甲骨文鐵字（）六十六周年。胡先生的小女儿胡功簌精心制此十字绣以为纪念。

# 后记

父亲离开我们已经整整三十二年了。三十二年来，我们全家魂牵梦绕、耿耿于怀的一件大事，就是希望父亲一生在中国古代史、中国古文字学领域潜心研究的学术成果能尽早结集出版。时光荏苒，直至今日，我们全家期盼多年的《胡澱咸中国古史和古文字学研究》（以下简称《研究》）终于以『十三五』国家重点出版物出版规划项目高规格成功出版了。手捧设计、装帧、印制都美仑美奂的书稿，百感交集，以致喜极而泣。我长舒了一口气，仰望浩瀚的苍穹，从内心深处发出呼喊：父亲母亲，你们看到了吧！

《研究》的出版，经历了一个漫长、曲折且艰难的过程。这是因为：一、《研究》中所收录的论著，时间跨度大，文稿的寻找搜集整理费时费力——父亲一生潜心学问，笔耕不辍，时间长达六十年，且著述甚丰。但由于战乱和历史原因，许多文稿已经遗失了。现在收录的是侥幸存世的、能找到的、相对完整的一些文稿，仅是父亲全部研究成果的一部分。二、父亲的研究涉及的学术领域比较广，主要领域是中国古代史和中国古文字学。在古代史范畴内，父亲主要著作有通史类的《中国古代及中世纪史》、断代史类的《秦史纲要》和《两汉史纲要》、长篇专论《殷代生产工具研究》和几十篇史学论文。中国古文字学类主要有甲骨文考释四十余篇、铜器铭辞考释五十余篇、古文字学理论文章十余篇。此外，他还著有考古学和方志学、地理学等方面的论文，还翻译了荷裔美籍学者房龙所著的《世界地理》（世界书局出版）和《希腊哲学史》（未刊稿）。这就需要许多相关学科且具专业特长的人参与整理编校方可成事。三、由于父亲原文稿内容和存在状态的特殊性，使书稿的整理、编辑、校对工作具有极大的难度——其中古文字学部分的文稿中有大量的甲骨文和铜器铭文，需一个字一个字地反复摹写，达到既形似又神似的标准，方可一一拍照嵌入书稿中。有许多文稿，因岁月的侵蚀，已残缺破损或模糊，需编校者根据上下文仔细斟酌推敲，尽量不负原意地予以补正。综上所述，可知《研究》是父亲心血的结晶，但也蕴含了许多参与搜集、整理、编校者长时间的精诚而艰辛的付出。

《研究》从开始搜集整理文稿到最终成功出版的全过程中，得到了学术界、出版界等多方面许多人的关心、支持和帮助，我们全家对他们充满了感激之情。这里，我们首先要感谢的是安徽师范大学出版社社长张奇才教授。他在项目策划、出版经费筹措、国家级项目申报、聘请专家讨论审读文稿乃至出版流程的每一个环节都倾注了他的真诚、智慧和心力，谢谢他！其次，我们要感谢安徽省政协副主席、安徽大学历史系李修松教授。他不仅为《研究》写了一篇文采斐然的序，还在百忙中腾出宝贵的时间，将父亲油印本的长篇专论《殷代生产工具研究》做了精心的整理并工整地誊录一新。这里，我要特别感谢我的舅舅束际成先生（上海市委党校哲学教授），他不顾年逾古稀、沉疴在身，投入大量的时间和精力，将家父所有的铜器铭辞考释论文做了全面、精确、细致的整理，为以后转至正式出版奠定了坚实的基础。当然，我们还要感谢国家新闻出版署、安徽省新闻出版局和安徽师范大学历史与社会学院，他们高度评价《研究》的学术水平和学术价值，还为《研究》的出版提供了有力的资金支持。最后，我们要感谢安徽师范大学出版社所有参与《研究》整理、编辑、排版、设计、校对等工作的人员。他们为了将《研究》做得尽善尽美，以高度的责任感和敬业精神，不惮烦难、精心细致、兢兢业业、一丝不苟地工作，确保了《研究》以优质精美的形象展现于世。

《研究》的出版，让我们感受到夙愿达成而带来的喜悦，也更加深了我们对父母无尽的思念！我们仿佛看到父亲端坐在书桌旁正奋笔疾书、伫立在窗前凝神远眺目光里透着『虽千万人吾往矣』的自信和坚毅、站在讲台上为学生上课时的儒雅俊朗器宇轩昂、指导研究生如何做学问做人时的殷切谆谆语重心长、与亲友们亲切交谈纵论天下大事和民生疾苦的慷慨激昂、与亲人们欢聚时的仁厚亲切和蔼慈祥……有这样的满腹诗书、志行高洁的父亲是我们做子女的骄傲！那么，让我们将《研究》化作心香一瓣，遥祭天上的父母，祈盼给二老带去些许慰藉、安宁和快乐！

胡功籙

二〇二〇年清明